# 高校英语教学改革与英语语法研究

付 烨 ◎ 著

吉林出版集团股份有限公司

版权所有　侵权必究

图书在版编目（CIP）数据

高校英语教学改革与英语语法研究 / 付烨著. -- 长春：吉林出版集团股份有限公司，2023.10
ISBN 978-7-5731-4387-7

Ⅰ．①高… Ⅱ．①付… Ⅲ．①英语－教学研究－高等学校②英语－语法－教学研究－高等学校　Ⅳ．①H319.3

中国国家版本馆CIP数据核字（2023）第191512号

## 高校英语教学改革与英语语法研究
GAOXIAO YINGYU JIAOXUE GAIGE YU YINGYU YUFA YANJIU

| | |
|---|---|
| 著　　者 | 付　烨 |
| 出版策划 | 崔文辉 |
| 责任编辑 | 孙骏骅 |
| 封面设计 | 文　一 |
| 出　　版 | 吉林出版集团股份有限公司 |
| | （长春市福祉大路5788号，邮政编码：130118） |
| 发　　行 | 吉林出版集团译文图书经营有限公司 |
| | （http://shop34896900.taobao.com） |
| 电　　话 | 总编办：0431-81629909　营销部：0431-81629880/81629900 |
| 印　　刷 | 廊坊市广阳区九洲印刷厂 |
| 开　　本 | 787mm×1092mm　　1/16 |
| 字　　数 | 250千字 |
| 印　　张 | 14 |
| 版　　次 | 2023年10月第1版 |
| 印　　次 | 2024年1月第1次印刷 |
| 书　　号 | ISBN 978-7-5731-4387-7 |
| 定　　价 | 78.00元 |

如发现印装质量问题，影响阅读，请与印刷厂联系调换。电话 0316-2803040

# 前　言

　　语言是人类最重要的交际工具，反映了人类的思维和观念，是文化的载体。随着国家间交流的日益密切，语言间的接触也日益频繁，这也导致了语言的变化。英语是国际通用语言，在国际交流和合作中扮演着越来越重要的角色，同时也受到世界各国的高度重视，在中国更是如此。

　　随着我国高校教改的进程持续加快，推动我国英语教学模式的变革，当代英语教学需要抓紧时代的脉搏，向着应用型人才培养方向过渡。并且在实际教学的过程中，要避免沿用传统的思维，致使对于学生的应用技能培养不足，教师要注重采取更为新颖的教学方法，将其融入教学中，提升学生的英语应用能力。本书积极探索建设科学、综合、立体、有机的新型高校英语教学模式，以更好地满足社会的需求，符合学校的办学目标。

　　本书从高校英语教学理论入手，介绍了高校英语教学模式，并详细地分析了高校英语词汇，重点对高校英语语法教学改革、高校英语听力教学改革、高校英语阅读教学改革、高校英语写作教学改革以及高校英语翻译的技巧和方法进行探讨，最后在高校英语教学的创新发展方面做出重要探讨。

　　本书主要汇集了笔者在工作、实践中取得的一些研究成果。在撰写过程中，笔者参阅了相关文献资料，在此，谨向其作者深表谢忱。由于水平有限，加之时间仓促，书中难免存在一些不足和疏漏，敬请广大读者批评指正。

# 目　录

## 第一章　高校英语教学理论 ............................................. 1
第一节　高校英语教学的基本关系 ..................................... 1
第二节　高校英语教学的基本原则 ..................................... 13
第三节　高校英语教学的目标 ......................................... 21
第四节　高校英语教学的模式、方法与手段 ............................. 25

## 第二章　高校英语教学模式 ............................................. 40
第一节　探究式教学模式 ............................................. 40
第二节　多元智能教学模式 ........................................... 47
第三节　参与式教学模式 ............................................. 51
第四节　内容型教学模式 ............................................. 57

## 第三章　高校英语词汇 ................................................. 63
第一节　词汇与听力 ................................................. 63
第二节　词汇与口语 ................................................. 68
第三节　词汇与阅读 ................................................. 72
第四节　词汇与写作 ................................................. 76
第五节　词汇与翻译 ................................................. 83

## 第四章　高校英语语法教学改革 ... 90

### 第一节　高校英语语法教学面临的问题 ... 90
### 第二节　高校英语语法教学的意义 ... 92
### 第三节　高校英语语法教学的内容与目标 ... 95
### 第四节　高校英语语法教学的新方法 ... 100

## 第五章　高校英语听力教学改革 ... 105

### 第一节　高校英语听力教学面临的问题 ... 105
### 第二节　影响听的因素 ... 108
### 第三节　高校英语听力教学的内容与目标 ... 114
### 第四节　高校英语听力教学的新方法 ... 118

## 第六章　高校英语阅读教学改革 ... 128

### 第一节　体裁教学法及应用 ... 128
### 第二节　任务型教学法及应用 ... 132
### 第三节　语类教学法及应用 ... 135
### 第四节　语篇衔接教学法及应用 ... 141

## 第七章　高校英语写作教学改革 ... 146

### 第一节　高校英语写作教学面临的问题 ... 146
### 第二节　英语写作的心理活动 ... 148
### 第三节　高校英语写作教学的内容与目标 ... 150
### 第四节　高校英语写作教学的新方法 ... 153

## 第八章　高校英语翻译的技巧和方法 .................................................. 168

第一节　词汇层面上的翻译技巧和方法 .................................. 168

第二节　句子层面上的翻译技巧和方法 .................................. 175

第三节　语篇层面上的翻译技巧和方法 .................................. 185

## 第九章　高校英语教学的创新发展 .................................................. 195

第一节　高校英语教学的创新模式 .......................................... 195

第二节　高校英语教学的创新性发展路径 .............................. 200

第三节　素质教育与高校英语教学的创新性发展 .................. 204

## 参考文献 ............................................................................................ 215

# 第一章　高校英语教学理论

## 第一节　高校英语教学的基本关系

### 一、英语与汉语之间的关系

　　汉语是中国人的母语，少年在开始学习英语时已经能够比较好地使用汉语进行交际。也就是说，他们已经掌握了一定量的汉语词汇和基本语法，具备了使用汉语进行听说和读写的能力。而英语是他们作为一门外语来学习的目标语。在谈到母语和目标语之间的关系时，人们经常谈到的是"迁移"的问题。迁移本来是一个心理学术语，指学习过程中学习者已有的知识或技能会对新知识或技能的获得产生影响。20世纪50年代，语言教学研究吸纳了迁移理论，认为母语迁移会影响外语学习。迁移是外语学习者经常采用的一种学习策略，它指学习者利用已知的语言知识，去理解新的语言。这种现象在英语学习的初级阶段出现得最为频繁，因为学习者对英语的语法规则还不熟悉。此外，只有汉语可以依赖，汉语的内容就很容易被迁移到英语之中。若母语对目标语的学习起到了积极的影响，这种现象被称为正迁移。反之，如果母语对于目标语的学习起到了消极的影响，则被称为负迁移。在迁移现象的研究中，有三种主要的理论，包括对比分析假说、标记理论和认知理论。对比分析学派认为母语和目标语的差异会导致负迁移的发生。除了母语和目标语的异同之外，在考察语言的迁移问题时，还要考虑母语在什么阶段、在什么条件下影响目标语的学习。这里要提及两个重要的非语言因素对母语知识何时会干扰第二语言习得的过程起着决定性作用：一是环境，二是学习阶段。从学习阶段来看，在初学阶段，学习者由于缺乏足够的目标语知识，在表达中往往更多地依赖母语，因此这一阶段有可能较多地出现母语知识的负迁移。中国学生在学习英语的过程中，语言迁移表现在语音、词汇和语法等各个层面上。

### （一）语音迁移

语音迁移是语言迁移中最为明显也最为持久的现象。"人们普遍认为第一语言对第二语言习得具有很强的影响，最为明显的证据就是第二语言学习者的外国口音。"英语和汉语分属不同的语系，两者在语音方面存在很大的差异。第一，汉语是一种声调语言，用四声辨别不同的意义。而在英语中，语调起着非常重要的作用，这一点很容易给北方方言的学生造成特殊的语音语调的困难。第二，英语和汉语的音素体系差别较大，两种语言中几乎没有发音完全一样的音素。

### （二）词汇迁移

初学英语的人很容易认为英语和汉语的词汇存在着一一对应的关系，每个汉语词汇都可以在英语中找到相应的单词。其实，一个单词在另一种语言中的对应词可以有几种不同的意义，因为它们的语义场合不相吻合，呈现重叠、交叉和空缺等形式。初学英语的人往往会把汉语的搭配习惯错误地移植到英语之中，于是出现了许多不合乎英语表达习惯的句子。英汉两种语言文化的差异也会导致两种语言词汇意义的差异。除少量的科技术语、专有名词在两种语言中意义相当之外，其他词汇的含义在两种语言中都或多或少存在着差异，这些差异都有可能导致负迁移现象的发生。

### （三）句法迁移

句法就是组词造句的规则，也就是传统所说的语法。英汉两种语言在句法方面有一些相同之处，同时也存在着很大的差异。首先，汉语是一种分析性语言，没有严格意义上的形态变化，主要通过词序和虚词的使用来表达各种句法关系。英语和汉语的这种差异很容易导致中国的英语学习者产生疑惑，尤其是对于初学者来讲，他们很容易受到汉语的影响，在使用英语时忘记词汇形态的变化。例如，名词的单复数、代词的主格与宾格形式、动词的时态变化等。其次，英语重形合，句子中的词语和分句之间常通过语言形式手段（如关联词）来表达意义和逻辑关系。汉语则重意合，其意义和逻辑关系往往通过词语和分句的意义表达。受此影响，中国学生在使用英语时常按照汉语的习惯只是简单地把一连串的单句罗列在一起，不用或者很少使用连词。另外，英语和汉语在静态和动态方面也呈现出一定的差异。

迁移并不总是坏事。有的时候，由于英汉两种语言之间存在着很多相似或者吻合的地方，中国学生在学习英语时可以利用已有的汉语知识，促进英语的学习。例如，汉语中的形容词都位于它所修饰的名词之前，而英语也同样如此，当学生学习了 beautiful 和 flower 两个词之后，就会很自然地说出 "a beautiful flower"。

与汉语和英语的关系这一问题相关的还有语言的社会功能问题。一个民族的母语是其民族的特征之一，母语教学对于培养学生的爱国主义情感具有重要的意义。

在处理汉语和英语的关系方面应该注意以下两个问题：

**1. 在重视英语教学的同时，绝不要忽视汉语的学习**

经济的全球化和科学技术的国际化正在成为新的时代特征。英语作为国际交往中最为重要的交流与沟通的工具，其重要性已经为越来越多的人所认识。当今，中国人学英语的热情空前高涨，从咿呀学语的幼儿到白发苍苍的老人，学习英语者不计其数。从小学一直到高校，英语教育都是教育主管部门和学校领导所关注的重点问题之一。与此同时，全国公共英语等级考试，全国四、六级考试等国内外各个层次的英语考试也为英语学习的热潮推波助澜。另外，为了满足人们英语学习的需求，各种各样的教学方法，丰富多样的学习用书、音像制品和软件也应运而生。这对于创造良好的英语学习环境，培养具有国际竞争能力的高素质人才，提高我国在国际竞争中的实力具有深远意义。但因为重视英语而忽视了对自己母语的学习则是不正确的。

**2. 克服负向迁移，促进正向迁移**

在对待汉语和英语之间的关系方面，有两种截然相反且都不可取的态度。一种是依靠汉语来教授英语，这显然是不可取的。英语教学的目的，首先是培养学生使用英语进行交际的能力。这种能力必须使学生大量地接触英语和使用英语才能获得。而英语教学的课时有限，要想在有限的课时内，最大限度地使学生接触和使用英语，就必须尽可能地使用英语进行课堂教学。对于中国的英语学习者来说，汉语是他们的母语，学生在学习英语时会自觉或不自觉地与汉语进行比较。如果在教学过程中过多地采用汉语，学生就会很难摆脱对汉语的依赖，养成一种以汉语作"中介"的不良习惯，在听说读写等语言活动中会不断地把听到的、读到的以及要表达的英语先转换成汉语，这样就很难流利地使用英语，也不可能写出或讲出地道的英语。另外一种是完全摆脱汉语，全部用英语教学，这不仅难以做到，而且也是不可取的。英语课堂上使用汉语要注意以下两点：①汉语作为教学手段，使用方便，易于理解，但是汉语利用不能过度。在解释某些意义抽象的单词或复杂的句子时，如果没有已经学过的词汇可以利用，可以使用汉语进行解释，另外也可以对发音要领、语法等难以用英语解释的内容使用汉语进行简要的说明。②利用英语和汉语之间的比较，可以提高教学的预见性和针对性。某些内容为英语所特有，学生学起来就比较困难，教师应该有针对性地将其作为教学的重点，适当增加练习量。对于两种语言中相似但是又不相同的内容，学生很容易受到汉语的干扰，教师在教学过程中要多加注意。

## 二、外国文化与中国文化之间的关系

语言与文化密不可分，语言具有丰富的文化内涵，英语学习中有许多跨文化交际的因素，这些因素在很大程度上影响英语的学习和使用。

文化是指所学语言国家的历史地理、风土人情、传统风俗、生活方式、文学艺术、行为规范、价值观念等。语言与文化具有密切的关系，这主要表现在三个方面：第一，语言是文化的重要组成部分。从文化的内涵来看，文化包括一个民族在长期的历史进程中创造的物质财富和精神财富两个方面，而语言正是精神财富的一个组成部分。第二，语言是文化的载体，也是反映文化的一面镜子。语言反映一个民族的文化，代表该民族文化的内容。第三，语言与文化相互影响、相互作用。因此，理解语言必须了解文化，理解文化必须了解语言。

语言具有丰富的文化内涵，不具备文化内涵的语言基本上是不存在的。在一种语言中，从单词到语篇都可以体现文化的内涵。首先在单词的层面上，英汉两种语言具有很大的差异。还有些词只存在于英语中，在汉语中则没有相对应的词。其次在英汉两种语言中，某些词语看起来似乎指代同一事物或概念，其实不然。

英汉两种语言文化的差异也可以导致文化迁移现象的产生。文化迁移是指由于文化差异而引起的文化干扰，它表现在跨文化交际中或外语学习时，人们下意识地用自己的文化准则和价值观来指导自己的言语和思想，并以此为标准来判断他人的言行和思想。文化的内涵分为三个层次：第一个层次是物质文化，它是经过人的主观意志加工改造过的；第二个层次是制度文化，主要包括政治及经济制度、法律、文艺作品、人际关系、习惯行为等；第三个层次是心理层次，或称观念文化，包括人的价值观念、思维方式、审美情趣、道德情操和民族心理等。第一和第二层次的文化迁移大体属于表层文化迁移，因为这些文化要素是容易观察到的，人们稍加注意就可以感觉到不同文化在这些方面的差异。深层文化迁移是指第三层次中的文化要素的迁移，由于它属于心理层次，涉及人们的观念和思想，所以在跨文化交际中不容易被注意到。与前面所说的语言迁移相比，文化迁移更容易给学生造成交际的障碍，因为本族文化根深蒂固，人一生下来就受到本族文化的熏陶，其言行无一不受到本族文化的影响与制约。

与语言迁移类似，文化迁移也有正负迁移之区别，以往关于外语学习中的迁移理论在对待母语以及母语文化的干扰问题时，对负干扰研究得较多、较透彻，同时，对负迁移的作用也有夸大之嫌。因此，外语文化教学中也不能忽视母语文化的教学。首先，教授和发现影响传递信息的各种文化因素（包括语言的和非语言的）必须以英语学习者的母语文化即汉语文化为比较对象，只有通过两种文化差异的比较才能找到影响交际的各种因素。通过比较我们可以发现和确定哪些目标语文化知识是教学的重点、难点，从而在教学中做到有的放矢，避免眉毛胡子一把抓，提高单位时间内的教学效率。其次，英语教学不仅仅是介绍和引进国外文化、知识、技术、科学等，同时也担负着中国文化输出的任务。在进行外国文化知识教学的过程中，如果忽视中国文化的教学，甚至还有可能造成自卑、媚外的心理，以致不能以平等的心态与对方进行交际，造成跨文化交际的心理障碍，从而影响跨文化交际能力的培养。另外，充分掌握汉语与汉语文化也是英语学习和英语交际能力不可或缺的重要组成部分。

综上所述，我们在处理外国文化与中国文化之间的关系方面，要注意以下几个问题：

### （一）传授文化知识

首先，从培养学生的英语交际能力来看，英语教学不能是单纯的语言教学，还应扩大学生的视野，了解英语国家的文化和社会风俗习惯。因此，在英语教学中需要穿插有关文化知识的教育。其次，从素质教育的角度来看，我们需要培养适应国际竞争要求的具有现代意识的人才，他们应该面向世界，思想开放，善于吸收其他民族的优秀文化，提高本民族的文化素质。在这一方面，英语教学肩负着不可推卸的责任。但是，文化知识的教育必须适度，应该与英语教学相结合，不能为了传授文化而传授文化。在英语教学中，文化知识的传授主要通过在英语教学中导入文化的内容，主要方法包括注释、比较、融入和体验四种。注释是指在教材中对具有文化内涵的内容进行注释和讲解，这种方法的优点在于它具有很强的针对性，缺点在于它比较零散，缺乏系统性。比较是指在教学中对中国文化和外国文化进行比较，从而发现两种文化中的异同，它可以加深学生对于两种文化的理解，有效地培养文化意识。融入是指直接把外国文化或中国文化的内容作为英语教学的材料，例如，一篇介绍英国风土人情的文章或者介绍中国茶文化的文章，这样可以把语言学习与文化学习有效地结合起来。体验是指通过具体的语言实践学习和了解外国文化，例如观看英语原版的电影、卡通片，阅读英语文学作品等。

### （二）在传授外国文化知识的同时，不要忽视对于本国文化知识的传授

目前，我国的英语教学实践中还存在着对汉语文化知识的教学不够重视的问题。许多有相当英文程度的中国青年学者，在与外国人交往过程中，并没有表现出一个来自世界文明古国的学者所应具有的深厚文化素养和独立的文化人格。

### （三）培养学生的跨文化意识

跨文化意识是指学生对于外国文化和中国文化异同的敏感程度，以及在语言交际过程中根据外国文化调整自己语言行为的自觉性。传授文化知识的目的在于培养学生的跨文化意识，使他们能够自觉按照英语的文化习惯使用英语进行交际。在培养学生跨文化意识的同时，还要注意培养学生的文化平等意识。一方面不要有民族自大的心理；另一方面也不要产生自卑心理，盲目地崇洋媚外。

### （四）培养学生的文化鉴赏能力

在学习异国文化的过程中，如果不善加引导，学生们可能会盲目地接受外国文化中的行为规范、价值观和道德观，很容易疏远甚至忘记自己民族的文化传统。

## 三、语言知识与语言技能之间的关系

语言知识包括语音、词汇、语法三个方面的内容。语言知识是综合英语运用能力的有机组成部分，是发展语言技能的重要基础，使学生掌握一定的英语基础知识也是英语教学的基本目标之一。语言是交际的工具，而语言首先是有声的，正是通过人的发音器官发出的声音，才能达到交际的目的。在英语中，语音和语法、构词法、拼写都有关系。很好地掌握语音，不但有利于听说技能的习得，而且也有助于语法和词汇的学习。

词汇包括英语中的单词和习惯用语。词这一概念是我们非常熟悉的，但是对词下一个准确的定义却不容易。语言学家对词下定义时说法不一，措辞不同。概括来说，词是语音、语意和语法特点三者的统一体，是语句的基本结构单位。每个词都有一定的语音形式。在口语中，主要通过语音来区别于其他的词。每个词都有一定的意义，这些意义根据其层次又可以被分为字面意义和隐含意义两种。字面意义就是词的"本义"，暗含意义则是指词的本义以外的意义，即附加意义。例如：一个词对不同的人来说还有许多其他的特性，如 gentle, weak 等。一个词的含义，有些可能是文化背景、社会背景、性别或年龄相同的人所共识的；另外一些含义则因个人的经历不同而不同。

每个词还都有一定的语法特点，在句子中发挥一定的功能，词的功能的改变，有可能会引起词义的变化。

英语中的习惯用法又称习语，具有语义的统一性和结构的固定性两个特点。习惯用法是固定的词组，在语义上是一个不可分割的统一体，其整体意义往往不能从组成该用语的各个单词的意义中推测出来。词汇是构筑语言的材料，尽管具有大的词汇量并不意味着一定会具有高的语言能力，但是，要想具备较好的语言技能则必须要掌握足够的词汇。

语法是指关于一种语言的结构的描述，说明其中词和短语等如何结合起来形成句子。语言是词的一种线性排列，这种排列不是任意的，而是遵循一定的规则。不同的语言具有不同的语法，汉语与英语的语法就具有很大的差异，英语学习者要想使用英语进行交际也必须遵守英语的语法规则。

语言技能指运用语言的能力，包括听、说、读、写四个方面，其中说和写被称为产出性技能，而读和听被称为接受性技能。听是分辨和理解话语的能力，即听并理解口语语言的含义；说是应用口语表达思想，输出信息的能力；读是辨认和理解书面语言，即辨认文字符号并将文字符号转换为有意义的信息输入的能力；写是运用书面语表达思想、输出信息的能力。听、说、读、写是学习和运用语言必备的四项基本语言技能，是学生进行交际的重要形式，是他们形成综合语言运用能力，获取信息和处理信息的重要基础和手段。

语言知识和语言技能都是语言能力的组成部分，都是语言学习的目标，两者之间相互影响、相互促进。首先，语言知识是发展语言技能的基础，不具备一定的语言知识，不掌握足够的词汇，不了解英语的语法，就不可能发展任何的语言技能。其次，语言知识的学习往往可以通过听、说、读、写活动的过程来感知、体验和获得。在英语教学中，处理语言知识和语言技能这二者之间的关系时，应该注意以下几点：

### （一）语言知识与语言技能同时兼顾，防止厚此薄彼

语言知识和语言技能都是语言能力的组成部分，都是英语教学的基本目标。交际教学法是在批判传统的语法翻译教学法的基础上建立起来的，其中一个主要的原因在于传统的教学方法过分地强调语言知识（主要指语法）的传授，而忽视了语言技能的培养。

语言知识是能力的基础，认为强调语言能力就可以忽视语言知识的观点是不对的。语言的综合能力是多方面的，除了语法知识外，还有社会语言学能力（如在完成某些言语行为时如何才算得体）、语篇能力（如观察和使用各种衔接手段和照应手段等）和策略能力（也就是交际策略，如在交际遇到困难时使用某些手段回避等）。这就意味着：①语法还要学，不学语法，语言技能无从谈起；②学习语法不是为了掌握某种理论体系，而是为了正确地使用语言，而且不仅要保证语言的语法规范，还要保证其社会文化规范；③语言能力不仅是单个句子的，也是关于语篇的。当然，英语教学不能停留在知识的传授和学习上，要把语言知识的学习与语言技能的培养有机地结合起来，语言知识的学习要有利于提高语言技能的质量，而在提高语言技能的同时，又不能忽视语言知识的学习。

### （二）语言知识的教学要立足于语言实践活动

传授语言知识并不意味着要单纯传授讲解语言知识，特别是在基础英语教学阶段，主要通过听、说、读、写等实践活动来学习英语，因此，语言技能的训练是教授语言知识的基本途径。语言知识的教学可以采用提示、注意和观察、发现、分析、归纳、对比、总结等方式进行，要有意识地使学生参与到上述过程之中，使学生在学到语言知识的同时，还得到科学的思维方法的训练。

### （三）听、说、读、写四项技能协调发展，不能截然分开

对于英语初学者来讲可以从听说开始，但是读和写要很快跟上。在处理四项技能之间的关系时，我们应该注意防止两种错误的倾向：一方面不让学生接触书面材料的纯"听说法"是不可取的，也是不符合中国人学外语的情况的，因为中国人学外语最容易创造的还是阅读的输入环境；另一方面一味强调客观条件，片面夸大读写的重要性，容易导致"哑巴英语"。

## 四、教师与学生之间的关系

教师与学生都是英语教学活动的实践者，正确地处理好两者之间的关系，对于英语学习的成功起着重要的作用。如果把英语教学比作一场戏剧，那么

教师就是导演，学生就是演员。两者之间要密切地协调配合，教学质量才能有保证。

　　学生是学习的主体，英语教学要以学生为中心。教师的主要职责是引导和帮助学生学习英语，因此，教师要善于根据学生的生理和心理发展的特点认真研究教学方法，排除学生在学习上的心理障碍，调动学生学习的主动性和积极性。教师还要面向全体学生，因材施教，发挥不同学生的特长。另外，教师还要帮助学生养成良好的学习习惯，培养自学的能力。在尊重学生的主体性，强调以学生为中心的理念时，要充分地考虑学生的个体差异。与英语学习相关的个体差异主要包括动机与学习态度、性格和认知方式等。

　　学习态度与动机是影响英语学习的重要情感因素，英语学习的成功在很大程度上依赖于强烈的动机和端正的态度。如果学习者对讲英语的人和英语教师产生反感，学习的动力也就自然消逝，学习的成功也无从谈起。根据动机产生的根源，动机可以分为内在动机和外在动机。内在动机来自个人对所做事情本身的兴趣；外在动机是外部因素作用的结果，如父母的赞同、奖赏、惩罚、考试的高分等。内在动机和外在动机之间存在着相互影响的关系，教师在培养学生内在动机的同时，也要注意对学生外在动机的培养。态度指个人对事物或人的一种评价性反应。态度包括三个组成部分：认知、情感和意动。认知指个人对事物的信念；情感指对事物的褒贬反应；意动指个人对待事物或采取行动处理事务的倾向。第二语言习得的研究表明，学习外语的态度和学习成绩之间的相关程度高于学习其他学科的态度和成绩之间的相关程度。

　　性格与英语学习也有很大的关系。自信、开朗、认真负责的学生往往会取得学习的成功，影响外语学习的主要性格特征包括内向与外向、焦虑、抑制等。具有外向性格的学生开朗、热情、善于交际、爱说话，很容易给人留下好的印象，一般人认为，他们更适合学习外语。而性格内向的学生喜欢缄默，不好动，不善于表达自己的思想，往往被一般人认为不适合学习外语。外向型的学生会更愿意在课堂上和课外使用英语，愿意提问题，回答问题，不怕犯错误，不怕出洋相，因此他们的语言流利程度发展得会更快些。而性格内向的学生则更愿意花更多的时间去练习和研究语言形式，因此，他们比外向的学生对语言结构的理解可能会更全面、准确。在英语教学中要注意根据学生的特点，进行有针对性的引导。内向型的学生需要一种鼓励的、宽松的课堂气氛,这样他们才乐于"冒险",尝试着使用英语。而对于外向型的学生则要有策略地提醒他们注意语言的准确性。过分的焦虑会影响英语学习,但是,一点焦虑感没有也不利于英语学习。以考试为例,焦虑可以被分为促进性焦虑和退缩性焦虑两种。前者可以使学生产生学习动力,迎接新的学习任务,而后者则使学习者躲避学习任务。其实,焦虑不是一种孤立的现象。除了受到人的性格因素的影响之外,学习的环境、学习任务的性质、个人的先前经验等因素都会对焦虑产生作用。在做事情之前,尽可能提前做好准备,明确目标,预测可能出现的各种困难,找出克服困难的方法,同时还要看到成绩,提高自信心。这样,过度的焦虑也就自然消失。抑制是一种具有保护性能、抵制外部威胁的心理屏障,它与人的自尊心有着密切的关系。因此,自我意识比较脆弱的学生往往会因为怕犯错误而不参与语言活动,这种语言学习中的抑制行为,经过适当的引导也是可以克服的。

认知方式是指人们组织、分析和回忆新的信息和经验的方式。就认知方式讲,英语学习者可以分为两种:场依存和场独立。测量场依存型时,让学习者观看一个复杂的图案,并找出隐藏在图案内部的几个简单的几何图形。目的是看他们是否能够把看到的东西分解成若干部分,并能使这些部分脱离整体。这种测验也适用于语言学习者,因为他们也要从上下文中把语言项目分离出来才能理解它们。

尊重学生的主体地位,以学生为中心,这并不意味着降低教师的主导作用。在英语教学中,教师要充当以下角色:

### (一)语言知识与文化知识的传授者

语言知识是语言技能的基础,对于中国的英语学习者来说,要想具备良好的听、说、读、写的能力,就必须具备一定的词汇量,掌握英语的语法基础知识;另外还要了解外国的文化。因此,教师要向学生传授英语语言知识和文化知识。但是传授的方式是多种多样的,传授知识并不意味着一定要采取"满堂灌"的"填鸭式"的教学方式。知识的传授要与语言实践活动密切结合,鼓励学生在教师的指导下进行探究式的学习。

### (二)语言技能的培养者

教师不仅是语言知识的传授者,更重要的是语言技能的培养者。导演向演员"说戏",是为了帮助演员进入角色,演好戏。教师传授语言知识,是为了帮助学生运用语言知识进行交际。

### (三)语言使用与交际的示范者

学生学习的一个主要途径就是模仿,教师是主要的模仿对象,这就要求教师要做到两点:第一点是教师本身要具备良好的语言基本功,为学生提供正确的模仿对象;第二点是教师的语言要适合学生的语言水平,使学生能够模仿。

### (四)语言交际活动的组织者和参与者

学生英语交际能力的提高需要进行大量的交际实践活动,这就要求教师根据学生的水平和教学的需要在课堂内外组织多种形式的交际活动。而且在很多情况下,还要求教师在活动中充当一定的角色,并在与学生的交际过程中引导学生并提出新的语言现象,使学生在不知不觉中掌握语言的用法。

### (五)语言学习过程的诊断者与咨询者

英语学习是一个漫长的过程,其中学生要遇到各种各样的困难与困惑,这就要求教师针对学生的实际情况做出相应的诊断,确定学生产生困难或困惑的原因,并给出相应的建议,以帮助学生解决这些困难,消除这些困惑。要想做到这一点,首先要求教师具备良好的理论素质,熟悉英语教学以及与英语教学相关学科的基本理论,了解外语学习的过程;其次要具有一定的敏感性,在教学过程中及时、敏感地捕捉到学生各个阶段出现的困难和问题。

### (六)语言学习材料的推荐者和提供者

中国学生在学习英语的过程中需要大量的语言输入,单靠一本教材是远远不够的,还需要补充一定的语言材料。现在市场上的学习资料可谓琳琅满目。学生及其家长在选择这些材料时往往具有一定的盲目性,这就要求教师针对学生的实际情况,配合学校的教学,为学生推荐或者提供适当的学习资料。

### (七)学生学习动力与学习兴趣的激发者

学生是学习的主体,这决定了英语教学必须要以学生为中心。英语学习成败的关键在于学生学习的动力是否充足,学习的兴趣是否浓厚。这就要求教师想方设法激发学生的学习动机和学习兴趣，要在教学中充分利用学生已有的特点，例如好奇心、对成功和进取的愿望、善于表现等，设计为学生所喜闻乐见的教学活动，还要注意学生的进步并进行及时的鼓励，对学生使用语言中出现的问题不过分指责，使学生保持学习的自信心。

### （八）语言学习规律的学习者和研究者

对每一位英语教师来讲，他本身在教学之前乃至终身就是一位英语学习者。自身的学习过程已经为教学提供了许多感性的经验，其中的经验和教训将会对自己的英语教学产生重要的影响。但是感性的经验只有上升到理论才能更加有效地指导进一步的教学活动。因此，一方面我们提倡教师要不断地学习，提高自己的语言基本功；另一方面还要结合自己的教学实践，采用科学的方法，探索与研究外语学习的基本规律。

## 第二节　高校英语教学的基本原则

### 一、交际性原则

语言是交际的工具，人们主要通过语言来交流思想、传递信息。交际是在特定语境中说话者和听话者、作者和读者之间的意义转换。由此定义我们可以得出以下几点启示：①交际包括口语和书面语两种形式；②交际总是发生在一定的语境之中；③交际需要两个以上的人参与并产生互动。

学习英语的首要目的就是使用英语进行交际，而英语教学的首要目标就在于培养学生的交际能力。交际能力的核心就是能够运用所学的语言知识在不同的场合下与不同的对象进行有效的得体的交流。因此，我们在英语教学中首先要贯彻交际性的原则，使学生能用所学的英语与人交流，要在教学过程中努力做到以下几点：

## （一）充分认识英语课程的性质

英语课首先是一种技能培养型的课程，要把语言作为一种交际的工具来教、来学、来使用，而不是把教会学生一套语法规则和零碎的词语用法作为语言教学的最终目标，要使学生能用所学的语言与人交流，获取信息。在教学过程中，教、学、用三个方面构成一个有机的相辅相成的统一体，其中的核心在于使用。因此，教师转变以往陈旧的教学观念，认清课程的性质，是落实交际性原则首先需要解决的问题。

## （二）创设情景，开展丰富多彩的交际活动

语言是交际的工具，而交际的发生总是处于特定的情景之中。情景包括时间、地点、参与者、交际方式、谈论的题目等要素。在某一特定的情景中，讲话者所处的时间、地点以及本人的身份都制约他说话的内容、语气等。因此，在基础英语教学中，要使教学的内容置于一种有意义的情景之中。而且，在一定的情景下学习英语，可以使学生身临其境，提高学习英语的兴趣。因此，英语教学活动要充分考虑交际性的特点，结合教材的内容，尽量利用各种教具，创设与学生生活密切相关的各种情景，进行真实或逼真的英语交际训练活动，这样不仅使学生学有兴趣、学有成效，而且能够做到学用结合。

## （三）注意培养学生语言使用的得体性

英语教学的首要目标在于培养学生进行有效交际的能力，传统的英语教学只偏重语法结构的正确性，而根据交际性原则，学生要具备良好的交际能力，需要能够在适当的时间、适当的地点，以适当的方式，向适当的人，讲适当的话。这一点与上面一点密切相关，创设情景，开展多样的交际活动，课堂游戏、讲故事、猜谜语、编对话、角色扮演、话剧表演、专题讨论或者辩论等，都有助于学生在创设的情景中充分表现自己，从而掌握地道的语言。

## （四）精讲多练

英语课堂的工作不外乎讲和练两种，前者是指讲授语言知识，后者是进行语言训练。在课堂上，适当地讲授一些语言知识是必要的，可以提高学习的效率。就如同学习游泳一样，在下水之前，教师讲解一些注意事项、游泳的动作要领，有助于提高学生在水里训练的效果。但是，英语首先是一种技

能，技能只有通过实际训练才能获得。因此，教师必须清楚，讲解的目的在于帮助学生更好地训练。在语言训练的过程中要针对学生的具体问题给予"画龙点睛"式的点拨。这不仅有利于学生语言交际能力的培养，还有助于学生养成良好的学习与思维习惯。在进行必要的讲解之后，要给学生留出足够的练习时间。

（五）注重教学内容与教学活动的真实性，贴近学生的生活

语言与现实生活密切相关，教学活动的设计与教学内容的选择一定要考虑这一因素。在英语教学中，要把语言和学生所关心的话题结合起来，要给学生足够的、内容丰富的、题材广泛的、贴近学生生活的信息材料。另外，教学内容的真实性还要求教材的语言和教师的语言是真实的。就是说教材的语言和教师的语言应该是英语本族语人在交际过程中所使用的语言，而不是专为教学而编造出来的。

## 二、兴趣性原则

兴趣是最好的教师，是学生学习英语的最强有力的动力。学习兴趣是学生积极探求事物并带有感情色彩的认识倾向，它可以使学生在学习活动中变得积极主动，从而获得更好的学习效果。学习兴趣有定向功能、动力功能、支持功能和偏倾功能。①定向功能。学习兴趣作为影响学习过程的一种非智力因素，其作用是最为明显，也是最为持久的，它往往决定着学生的进取方向，为学生一生的事业奠定基础。②动力功能。学习兴趣与人的情感活动密切相关，可以直接转化为学习的动力。当学生对英语学习具有浓厚的兴趣时，学习就不再是一种负担，而是一种乐趣。③支持功能。英语学习是一个漫长而又复杂的学习过程，伴随着许多的困难与挫折，学习兴趣在于克服困难、战胜挫折、保持旺盛的精力，对学习起着支撑的作用。④偏倾功能。人们往往从自己的兴趣出发去审视事物。表现在英语学习上就是每个学生的兴趣不同，学习的侧重点也就有所不同。有的学生对记忆单词特别感兴趣，有的学生特别喜欢阅读英语文章，还有一些学生特别喜欢用英语写点东西。对于这些侧重点的差异，教师需要因势利导，在学生原有侧重点的基础上，引导到全面正确的轨道上来。为了激发和培养学生学习英语的兴趣，应该做到以下几点：

## （一）充分了解学生的生理与心理特点，尊重学生的主体性

学生是学习的主体，是整个学习过程的核心承载者。基础英语教学要从学生的心理和生理特点出发，改变传统的学习方式，让学生通过体验和实践进行学习。传统的语言学习方式强调学生在初级阶段要学好音标，学好语法，记忆一定量的词汇。英语课程必须从学生的心理和生理特点出发，遵循语言学习规律，从改变学生的学习方式入手，通过听做、说唱、玩演、读写和视听等多种活动方式，达到培养兴趣、形成语感和提高交流能力的目的，在学习的初级阶段更要如此。

## （二）防止过于强调死记硬背、机械操练的教学倾向

英语学习需要一定的死记硬背和机械操练的活动。但过多的机械性操练很容易导致课堂教学的死板与乏味，容易使学生失去或者降低学习英语的兴趣。为此，应该重视科学地设计教学过程，努力创设知识内容、技能实践和学习策略的需要都很逼真的情景，以营造启发学生思维的教学环境，帮助学生通过各种渠道获取知识，加速知识的内化过程，使他们能够在听、说、读、写等语言交际实践中灵活运用语言知识，变语言知识为英语交际的工具。这样，学生在获得交际能力的同时，综合素质也会得到提高，学生的学习兴趣才会得到巩固与加强。

## （三）挖掘教材，激发学生学习兴趣

教材是英语教学的核心，教师要想调动学生的积极性，就要在备课中认真研究教材，挖掘教材中的兴趣点，使每节课都有新鲜感，都有让学生感兴趣的内容和活动。

## （四）赏识教育，培养学生自信心和成就感

对于学生来讲，学习兴趣的保持在很大程度上取决于学习的效果，取决于他们能否获得成就感。因此，教师要通过多种激励的方式，如奖品激励、任务激励、荣誉激励、信任激励和情感激励等，激发学生积极参与、大胆实践、体验成功的喜悦。

## 三、灵活性原则

灵活是兴趣之源，灵活性原则是兴趣性原则的有力保障。语言是生活的一个必要的组成部分，是一个充满活力、不断发展的开放性系统。语言本身的性质以及学生的自身特点要求我们在英语教学中要遵循灵活性的原则，要在教学方法、语言学习和语言使用方面做到灵活多样，富有情趣。

### （一）教学方法的灵活性

在英语教学史上曾经出现了许多种不同的教学方法和流派，例如语法翻译教学法、视听教学法、交际教学法等，每种方法都有其自身的优势与不足，教师应该兼收并蓄、集各家所长，切忌拘泥于某一种所谓流行的教学方法。英语教学包括语言知识和语言技能两个方面。语言知识包括语音、词汇、语法等内容，不同的语音、不同的词汇、不同的语法项目都具有不同的特点。语言技能包括听、说、读、写等四个方面，其中又包括许多微技能。而学习者的个体差异也是千差万别的。因此，在英语教学过程中要综合学生、教学内容以及教师自身的特点，创造性地开展多种多样的教学活动，充分体现教学方法的多样性和创新性，使英语课堂新鲜有趣，从而激发学生学习英语的热情，挖掘学生的潜能。教学的内容也要体现多样性的原则，不光要教英语，而且要教学习方法，结合英语教学生如何做人。

### （二）学习的灵活性

教学方法和教学内容的灵活性可以有效地带动英语学习的灵活性。要努力改变以往单纯地死记硬背的机械性学习方法，帮助学生探寻合乎英语语言学习规律和符合学生生理、心理特点的自主性学习模式，使学生能够自我导向、自我激励、自我监控；静态、动态结合，基本功操练与自由练习结合；单项和综合练习结合。大量的实践，使学生具有良好的语音、语调、书写和拼读的基础，并能用英语表情达意，开展简单的交流活动，开发听、说、读、写综合运用语言的能力。

### （三）语言使用的灵活性

英语学习的关键在于使用，教师要通过自身灵活地使用英语来带动和影响学生使用英语。教师应尽可能多地用英语组织教学、用英语讲解、用英语提问、用英语布置作业等,使学生感到他们所学的英语是活的语言。英语教学的过程不应只是学生听讲和做笔记的过程,而应是学生积极参与,运用英语来实现目标、达成愿望、体验成功、感受快乐的有意义的交际活动过程。另外,教师还可以通过灵活性的作业使学生灵活地使用英语,作业的布置应侧重实践能力。如可以让学生用磁带录制口头作业,让学生轮流运用英语进行值日报告,陈述和评议时事、新闻等。

## 四、宽严结合的原则

所谓的宽与严是指如何对待学生在学习过程中所出现的语言错误,也就是如何处理准确和流利之间的关系。外语学习是一个漫长的内化过程,学生从开始只懂母语,一直到最后掌握一种新的语言系统,需要经过许多不同的阶段。从中介语的观点来看,在各个阶段,学生所使用的语言是一种过渡性语言。它既不是母语的翻译,也不是将来要学好的目标语。这种过渡语免不了会有很多的错误。传统的分类方法将错误分为语法、词汇和语言错误。语法错误又被进一步分为冠词、时态、语态错误等。这种分类方法,主要基于语言形式,而忽视了语言的实际使用。对于各种错误的分析,是第二语言习得研究的重要课题,因为通过对于这些错误的分析,可以发现学生的学习策略,其实这些策略也正是学生产生这些错误的原因。第一个原因就是迁移。第二个原因是过度概括。学习者根据所学的语言结构做出概括,然后去创造出一些错误的结构。

对待错误,有两种极端的做法是不可取的。一种极端做法是把语言错误看得非常严重,"有错必纠"。这些人的理由是学生正处在英语学习的初期,一定要学到正确的东西。如果对学生的语言错误听之任之,一旦养成习惯就很难改过来了。结果在学生讲英语时,教师往往会抓住学生的错误不放。这样很容易挫伤学生学习英语的积极性,他们十分害怕犯错误,久而久之就不敢开口讲话了。另一种极端的做法是对学生的语言错误视而不见。这些人的理由是熟能生巧,只要多说就能慢慢自我克服这些错误。这类教师强调的是学生语言的流利程度,结果导致学生毫不注意语言的准确性。

语言错误是学习英语过程中的必经阶段。出错—无意识错误—出错—意识错误—出错—自我纠正错误，是对于每一个英语学习者来说的必经之路，没有这个过程就不可能达到流利的程度。因此，要鼓励学生不怕出错，而且要耐心地倾听学生"支离破碎"的英语，并给予纠正指导。一方面教师要坚持用正确的语言熏陶学生；另一方面，当学生的语言错误影响到信息的传递时，要在鼓励的前提下进行必要的纠正，从而保证以后学生使用英语的准确性。也就是说，在英语教学中，教师应该采取宽严结合的方法。当以交流为目的时，对学生的语言错误采取宽容的态度；当以语法学习为目的时，则采取严格的态度。这样宽严结合，既保证学生具有扎实的语言基础，又有利于鼓励学生大胆使用英语。

宽严结合的原则实际上就是要正确处理准确和流利之间的关系。"没有准确，流利就失去基础"这句话是对的，但是这种说法只是强调了准确的重要性，正确的态度应该是"既要强调准确性，又要重视流利程度"。我们可以区分两种情况：对于初学者，不要过分纠正其语言中的错误，而要更多地鼓励他们使用英语进行交际；对于中等以上的学习者，可以适当地纠正其语言中的偏差，但是要以不打击他们的学习积极性为前提。换句话说，越到高年级，越要强调准确性。此外，在写作文或在课堂上演讲时，则应该强调准确性。

## 五、输入输出原则

所谓输入是指学生通过听和读接触英语语言材料，所谓输出是指学生通过说和写来进行表达。输出建立在输入的基础之上。在此意义上，输入是第一性的，输出是第二性的。首先，在人们学习英语的过程中，能理解的总是比能表达的要多。换而言之，人们所能听懂的，永远比能说的要多。而所能读懂的，又比所能写的多。我们能欣赏小说、散文和诗歌等优秀的文学作品，但我们自己并不一定能写出来。语言输入的量越大，语言输出的能力就越强。也就是说，我们听的东西越多，我们读的东西越多，我们的表达能力也会越强。有效的语言输入应具备以下三个方面的特点：第一个特点是可理解性。如果学生不能理解所输入的语言，那么这些输入无异于噪声，是不能被接受的。

第二个特点是趣味性或恰当性。所输入的语言材料还要使学习者感兴趣。"要使学生对语言输入感兴趣，最好使他们意识不到自己是在学外语，把其注意力放在意义上。"第三个特点是足够的输入量。目前的外语教学严重地低估了语言的输入量的重要性。要习得一个新句型单靠做几个练习甚至读几段语言材料是远远不够的，还需要数小时的泛读以及许多的讨论才能完成。

教师在教学过程中应该注意以下几点：

## （一）尽可能多地让学生接触英语

要通过视、听和读等手段，多给学生可理解的语言输入，如声像材料的示范和贴近学生日常生活和学习、适合学生的英语水平、具有时代特色的读物等。另外，学生学习的内容不要局限在课本之内，教师应该打破课内外的界限，帮助学生扩大语言的接触面。

## （二）输入内容和输入形式的多样化

学生接触的英语既要有声的，又要有图像的，还要有文字的，而且语言的题材和体裁以及内容要广泛，来源多样化。在日常生活中，尤其是在大中城市中，每天都会接触到许多英语，比如，文具、衣服、道路标志、电器等上面就有许多英语。如果我们能利用这些，学生们就可能耳濡目染地学到英语知识。另外，我们还要注意根据语言输入的分类，尽可能地为学生提供多种形式的输入。

## （三）首先强调学生的理解能力

只要学生能理解的，就可以让他们听，让他们读。而且，还可以只要求学生理解，不必立刻要求他们用说和写的方式来表达。从教学目标而言，对语言技能应该有全面的要求，但是从教学的方法来看，应该先输入，后输出。

## （四）为学生提供的语言材料要符合学生的实际情况

当然，仅仅依靠语言的输入是不可能掌握英语、形成综合运用英语的能力的，还需要通过口头和笔头的表达来检验和促进语言的输入。在增加可理解的语言输入的同时，在理解的基础上不断进行有效的实践活动。这些实践活动在基础英语教学中包括一定的模仿练习。学习语言的确需要模仿，但问题的关键在于如何模仿和模仿什么。如果只是机械地模仿，只注意语言的形式，那并不能保证学习者能在生活中真正地使用语言。比如只是要求学生注意语音、语调的准确，只要求死记硬背句型结构，而没有使学生真正了解这些句型结构所表达的含义，学生并不能在课外使用。模仿最好是模拟生活中的真实情景，注意语言结构所表达的内容，这种模仿才是有效的。尤其是在互助练习、小组练习的时候，让他们根据实际的情况使用所学习的语言，学生才能把声音和语言的意义结合起来。外语教学的研究人员还提出，不仅要有"可理解的输入"，还要有"可理解的输出"。

## 第三节　高校英语教学的目标

### 一、帮助学生理解英语

"教师使学生懂英语"这个过程仍然是一个过程，但不是使学生掌握技能和学习本领，像开车和修理机器一样，而是使学生动脑筋，学习语言知识。学生的学习过程不是一个行为过程，而是一个心理过程，教学的中心仍然是学生。

在这个过程中，学生是中心，是关键的参与者，而教师只是帮助者和使能者。教师的任务是提供学生所需要的一定量的知识。这里需要考虑的是"知识"一词。学习语言通常认为有两种方式：学习语言和学习有关语言的知识。在此，知识纯粹是有关语言的特点和运用的知识。但掌握语言知识也可以称为懂英语。它既表示学习英语意味着学会有关语言的知识，也表示学会说这种语言。这两种解释实际上代表了两种不同的教学模式。从第一种模式的角度讲，学习知识可以只让学生理解和记忆即可，而不一定让学生去进行实际的操练和实践，其重点是心理活动。从第二种模式的角度讲，学生不仅要理解和记忆所学的知识，还要学会实际的语言运用技能，学会把所学的知识运用到实际语言交际中去。同时，还要学会在一定的文化语境中，即在目标语文化中，从事所要进行的交际活动，学会语言要完成的交际功能，以及所要运用的语言知识。这样，教学的目标可以有两种：使学生学会有关语言的知识和使学生会讲这种语言。

## 二、帮助学生学会英语

"教师使学生学英语"，在这一教学过程中，学生学习英语，教师帮助他们达到目的。学生是行为者，是教学的中心。教师是使能者，可以采用各种各样的手段来帮助学生学习英语，例如，可使用各种各样的现代化技术和设备来帮助学生学习。

这种教学模式距离我们现代教师对教学的认识十分接近。教师首先考虑的是学生，而他们的作用就是指导和帮助学生。但现在我们没有考虑的是学生的任务是什么性质的，是什么样子的，只是想当然地认为学生如何学习，也就是说，对教学目标没有很好地进行限定。从教学方法和程序上讲，教师把教学的主体变成学生，教师的作用只是帮助学生达到学习目的，应该说这是一个很大的进步。但这个过程所提供的是一种方法，并没有提供教什么。我们可以根据让学生自己学，由被动变主动来考虑学什么和达到什么目标的问题：这个教学过程的目标是使学生学会英语。

## 三、传授学生语言知识

"教师把英语授给学生"的教学过程在此被视为一个物质交流过程。在这个交流过程中，主要的参与者是给予者和礼物，即教师和他所教授的语言，而学生的存在是偶然的，只是被给予的对象。从人际交流的角度讲，教师像赠送钢笔等物品一样，把英语"给予"学生。在这种情况下，教师通常要教给学生他们自认为是"好"的英语，如"标准英语""文学英语"等。在这种交流过程中，教师处于绝对控制地位，学生则完全处于被控制的地位。所以，学生认为什么是好的英语是无关紧要的，因为他没有发言权。教学的重点是语言，实施者是教师，学生只是受益者，接近情境成分。这似乎是传统外语教学的模式。教学的目标是教给学生自己认为是"好的"或者是"美的"英语，使学生学会标准的、高雅的英语。从方式上讲，教师在不停地教，而学生则只能不停地接受。至于他愿不愿意接受和能接受多少，教师不太关注，而注意的是学生是否在接受。教师通常为自己所选择美的教学材料，或者是美的教学方式所陶醉。教师的快乐在于知道学生懂得了自己在课堂上所教授的内容并且欣赏自己的教学内容和课堂演示。

## 四、训练学生的英语技能

"教师用英语教导学生"，从人际交流的角度讲，这一教学过程的重点仍然是教师，学生是参与者之一，但只是一个被动角色。他的参与受到外界因素的影响，受到教师行为的支配，他没有学习的主动权。但在这一过程中，教师不再是简单地像给予学生东西一样把语言传授给学生，而是使学生提高了技能，达到教师的训练目标。从课堂内容的角度讲，在这一教学过程中，教师通常提供大量的课堂训练和练习，以及大量考试。教学目标是使学生掌握运用语言的技能。

从教学方式上讲，教师主要给学生大量训练，开展许多活动，学生是这些活动的参与者和训练主体。这种教学模式既相似于传统教学法中教师主导一切的模式，也相似于模式训练法的教学模式，学生只是被训练的对象，自己没有主动权，所以难以发挥学生的主观能动性。这是一种结构主义和行为主义的教学模式。教师不是主要使学生学习语言知识，而是获得语言技能。但这种技能不是实际运用语言的能力，而是一些语言模式，而且这些模式大部分是一些根据结构主义理论提炼出的语言结构模式，而不是根据情境语境中的语境模式而提炼出来的语言功能模式。

## 五、发展学生的意义潜势

"教师使学生成为讲英语的人"，在此，教学过程被看作一个关系过程。教师仍然是一个使学生能够做某个事情（讲英语）的人，但他不仅仅是使学生能够做某个事情，而且使学生成为一个能讲目标语的人。语言被视为一个"潜势"，称为"意义潜势"。教学的目的是使学生掌握这一潜势，使学生会用语言来表达意义。这显然既包括使学生掌握有关语言的知识，也包括使学生掌握语言表达的能力，学会用所学的语言说话。

教学过程主要被看作是一个物质过程，是一种活动，主要参与者是学生和教师。即使是心理过程，教师也是一个使学生做事情的人，是个控制者，而不是感受者。但在这个过程中，教师所起的作用是不同的。他可以作为控制者和行为者，学生是目标。换言之，学生只能被动地接受教师所传授给他的东西。教师也可以作为训练者，做教练，让学生做一系列活动和动作，他是指挥和指导者，学生是活动的进行者，是行为者。教师还可以是使学生做事的人，他组织学生从事一系列学习活动。从这个角度讲，这几种模式有一个共同点，就是教师的作用越来越趋于向背景移动，而把主要角色让学生来担任。学生越来越成为教学活动的主角和中心。这是现代语言教学理论和方法发展的趋势。

英语知识的学习只是辅助的，有利于促进外语学习，但不能代替外语技能的训练。英语教学的较高目标模式应该是综合性的以发展学生的意义潜势为主的目标模式，但最高目标应该是培养学生的跨文化交流能力。

## 六、培养学生跨文化交流能力

随着新教学大纲（试行）的颁布、英语教学改革的深入，培养学生交际能力的意识越来越深入人心。但我们在英语教学实践中却发现，尽管我们在培养学生听说读写、言语技能方面花费了大量心血，但教学效果并不明显。严格地讲，高校英语教学还没有突破语言知识的掌握和言语技巧的训练的框框，学生所学到的更多的是语言表面的知识。因此，英语教学仅仅重视言语技能的训练是不够的，还必须注重交际能力的培养。实践证明，言语技能的训练不能自然生成交际能力。交际能力的形成除了语言因素外，还有社会文化能力、语境能力、行为能力等诸多要素。因此，要想培养学生的交际能力，英语教学除了传授语言内容和进行言语技能训练外，还必须努力对学生进行跨文化条件下语言能力、语用能力等的专门培养和训练，以提高学生在特定的社会文化情境中的跨文化交流能力。

培养学生的跨文化交流能力是英语教学的最高目标。英语教学的过程实际上是一种文化适应的过程。一方面，它要求学生把目标语文化也就是英语文化与自身现有知识进行等值条件下的转换；另一方面，又要无条件地但又积极地理解、吸收与本国文化不同的信息。由于英语与汉语的巨大差距，因此，学习英语不可避免地遇到文化差异造成的障碍和困难。为了消除这种障碍，英语教学就必须强调文化教学，即在教学过程中进行英语语言文化教学。从英语教学的角度讲，教授语言知识和培养言语技能是前提和基础，而跨文化交流能力的培养是前者的深化和提高。前者是手段，后者是目标。

## 第四节　高校英语教学的模式、方法与手段

### 一、教学模式改革的理论基础

　　教学模式的改革主要体现在教学理念、教学方法和手段等方面的转变。鉴于以教师为中心、单纯传授语言知识和技能的英语教学模式给英语教学带来的负面效应，《高校英语课程教学要求》提出要改革传统教学模式，新的高校英语教学模式应为基于计算机和课堂的英语多媒体教学模式。多媒体网络技术在外语教学中发挥重要的辅助作用，但教学理念对组织课堂教学模式的重要性也不可忽视。一般认为，建构主义思想是高校英语教学模式改革实践的重要理论基础。建构主义是学习理论中行为主义到认知主义的进一步发展，其基本观点是强调学习者与世界的相互作用的经验及意义，积极建构自己的知识。在建构主义学者看来，学习是一个意义建构的过程，而不是对知识的记载和吸收。学习者是意义建构的主体，学习依靠人们已有的知识去建构新知识。学习既是个性化行为，又是社会性活动，学习需要对话和合作；学习高度依赖于产生它的情境，与此同时，建构主义也强调以学生为中心，要求学生由外部刺激的被动接收者和知识灌输对象，转变为信息加工的主体、知识意义的主动建构者，要求教师由知识的传授者、灌输者转变为学生主动建构主义的帮助者、促进者。因此，基于建构主义的教学模式应重视四种学习方式——自主式学习、探索式学习、情境式学习和合作式学习，进行强调学生对知识的主动探索、主动发现和对所学知识意义的主动建构。

## （一）高校英语多媒体教学模式的建构

建构主义理论为多媒体网络教学实践提供了强大的理论支持，而多媒体网络教学则是贯彻建构主义学习思想的较为先进的教学模式。计算机网络的迅猛发展以及随之而来的信息化手段的广泛应用使教学活动可利用的时间及空间得到了极大拓展，加上全球互联网所提供的取之不尽的教学资源也使英语教学新模式的构建平添了多种可能。如何基于建构主义的教学理念而有效地发挥计算机网络教学的优势，处理好课堂教学与计算机网络教学之间的相互联系成为外语教学的核心问题。在多媒体教学模式中，英语教学应分为课堂教学和计算机网上自学两种相互补充的方式。多媒体教学不是提高教学效果的唯一途径和手段，教师不能一味地追求现代化的教学手段而完全放弃传统的教学方法。如今，在我国高校英语教学中，全面推广基于计算机网络的自主学习模式的条件尚不成熟，单纯凭借这种新教学模式很难解决当前高校英语教学中的突出问题和矛盾，无法马上承担起高校英语教学改革赋予的历史重任，应结合高校英语课程设置，对高校英语课程进行科学合理的整合，确保高校英语教学质量得到逐步提高。

## （二）建构主义理论和多媒体、网络技术的结合

知识是人们永无止境的探索，而不是一成不变的真理。建构主义对现代教学论的冲击在于它动摇了客观主义的知识观。教师不能把现成的知识教给学生，只能引导学生主动探究，让学习者掌握学习和解决问题的方法，成为一个自主的学习者和知识的创造者。高校英语教师不但要传授语言知识，还要承担帮助学生掌握英语学习方法和学习策略的重任。在高校英语教学中要确立以学生为中心的理念，培养学生的自主学习能力和终身学习能力，发挥他们的英语学习主动性，在使用英语完成各种交际任务过程中建构英语语言知识，提升英语应用能力。此外，高校英语教师不仅要传授语言知识，还要承担帮助学生掌握英语学习方法和学习策略的重任。教师在英语教学中应采用各种方法和手段，帮助学生培养对语言的认识，使英语教学不仅在课堂中进行，而且延伸到课外。为在高校英语教学环境中实现从"学习英语"到"用英语学习"的课程转换创造条件。

## （三）教学模式的建构原则——以学习者为中心

高校英语教学模式应从传统的纸笔模式转变为以计算机（网络）为载体的课堂教学和学生自主学习相结合的模式，学生的学习模式是教师教、学生学、网络辅导的三位一体的模式，并且在教学中应体现出以学习者为中心的思想。建构主义思想作为高校英语教学模式改革实践的重要理论基础，指出学生不应简单、被动地接受教师输出的或书本的知识信息，而是要靠自己主动建构知识意义，但是传统的教学模式无法实现这一目标，因为传统教学模式是以教为主，即教师根据自己对教学内容的理解备课讲课，并且习惯于讲精、讲细、讲透；学生则习惯于机械地理解记忆，教师与学生的交流和互动极少，学生学习的积极性、主动性没有充分发挥出来。同时，现代网络技术的介入对传统教学模式形成了一定冲击。学生可以借助现代多媒体设备，根据自身知识组成情况，选择配套的网络课程学习，这就使英语教学不再受时间和地点的限制，而朝个性化学习和自主式学习方向发展，因此教学模式必须围绕学生实际需求做出相应改变。在英语教学中实现此转向的目的就是放弃教师在教学过程中的绝对主导者地位，转向为学生自主学习、自我思考、自我发现的促进者，指导学生在多媒体的网络环境下主动地、积极地学习英语，最大限度地发挥他们的潜能。建构主义理论的核心是以学生为中心，强调学生对知识的主动探索、主动发现和对所学知识意义的主动建构。在建构课堂教学和计算机网上自学的教学模式时，计算机网络环境下的课堂教学模式与自主学习模式应结合教学的现实要求，遵循建构主义教学理论，在课堂教学过程中，教师应该避免单一的知识点教授，要充分利用开放的网络资源和网络交互技术，融知识教学与培养学生综合能力为一体。课堂教学是在一个相对单一的、闭塞的环境中进行的，教师应充分利用现有条件，拓展教学空间和课堂知识点操练环节，尽可能多地开展师生之间的课堂互动交际，在实际操练中进行语言知识教学，帮助学生成为学习的主体，并设计真实、复杂和开放性的语言学习环境与问题情景，诱发、驱动并支撑学习者探索、思考与解决问题的活动。同时，教师也可以在课堂上利用多媒体手段，如播放幻灯片或与学习主题相关的影像资料，使文字信息与图像信息相互交融，在激发学生学习积极性的基础上，对课堂知识点加以扩展。网络多媒体手段使学生利用计算机网上自学成为可能。网络信息直接指向学生，学生成为学习的中心。他们可以"控制"学习媒介和"课程"的程序，可以自主选择学习的时间、地点和内容。学习是非线性的和无连续性的，不再拘泥于传统的课堂学习。教师根据特定目标和特定学生，设计不同的网络课程任务，对学生因材施教。学习者借助计算机的自主学习就不再需要中间环节，可以完全依据自己的兴趣、爱好和对自己未来设计的需要，自主、自由地选择学习内容。网络所提供的超媒体、超文本信息，以及跨学科、跨时空和面向真实世界的链接，构建起了使学习者走出高校英语课堂、融入社会实际英语使用情境的内容体系，能更好地保证学生的自主学习质量。由此可以看出，随着现代多媒体教学手段的介入，新的课堂教学模式和计算机网上自学模式在建构主义的影响下，被赋予了个性化、自主化和协作化等特点，这是更符合现实人才培养需求的变革，也是《高校英语课程教学要求》对多媒体教学要求的全面体现。

### （四）教学模式与多媒体网络技术的结合

建构主义理论的核心是以学生为中心，强调学生对知识的主动探索、主动发现和对所学知识意义的主动构建。教学过程应是教师与学生交流与互动的过程，是教师与学生、学生与学生、学生与社会的互动过程。基于建构主义的教学模式应重视四种学习方式，即自主式学习、探索式学习、情境式学习和合作式学习。以现代教育信息技术为基本手段和途径，新的高校英语教学模式包括学生、教师、教学信息、学习环境四个要素，这四个要素相互作用、相互联系形成稳定的网络多媒体教学模式。

### （五）多媒体网络技术下的自主学习

多媒体网络技术影响下的教学模式突破了传统课堂教学的时空限制，创造了现代教学环境，构建了一个无限开放的教学空间，淡化了"教"，强调了在现实环境中的"学"。教师宏观规定学习任务，学生自主掌握学习进度和选择语言项目。建构主义学习理论强调学生不是简单、被动地接受教师输出的或书本的知识信息，而是靠自己主动建构知识意义。学生通过自主学习，查漏补缺，将旧知识与新知识结合起来，在原有旧知识基础上增加、积累新的知识。那么在多媒体网络自主学习的环境下，学生就可以在任何地点、任何时候开展学习。教师可以在校园网上建立有关英语学习的网页,为学生提供英语新闻、英语论坛等栏目,学生可以根据自己的语言水平、兴趣和学习风格自行选择学习内容。网络课程的最大特点是利用现代化技术,通过为学习者创造优化的网络自主学习环境来注重学习者的个性差异,充分调动学习者自身的积极性,大面积挖掘学习者自身的学习潜能,最大限度地开发学习主体的主观能动性。网络环境中学生进行的是个别化的自主学习和协同学习,学生可以按自己的知识结构和需要选择知识内容进行学习。学生还可以在很大程度上支配自己的学习时间、过程和空间,设定学习目标,不断做出调整,决定学习进度;可以按自己的水平和需要自由选择不同级别和水平的学习材料,或侧重词汇语法,或侧重听说训练,从而达到强化自己所学知识和所掌握技能的目的。

多媒体网络技术对探索式学习具有激发性。语言学习是积极体验的过程,它要求学生去探索和建构语言的意义,因此语言学习应该是一种非程序式的、非事先设定的活动。建构主义侧重以学习者为中心,实行发现式学习和探索式学习,让学生在某一特定的语言环境中自行体会和发现,使学习成为一种自然的行为活动。在网络环境中学习,学生的学习过程不再由教师统一控制,不再像课堂教学那样强调集中思维、求同思维和正向思维。学生具有很大的自由空间,在学习中能更多进行主动的学习和独立的思维,因此,除了消化和吸收所学知识与经验外,更加看重创造性学习。网络的开放性和多元性特征为学习者提供多种选择的可能,使人的思维得以激活,从而激发出创造欲望。学生在借助计算机完成自主学习的过程中,要去寻求、研究,进而建构语言的意义,这就是一种探索式学习。对一切新学习模式、新知识的开放也促使学习者通过不断的学习来更新、改变自我的思维结构,在没有教师的情况下,学生要学会自主安排学习时间,学会独立使用网络教学资源,自主分工合作完成教学任务,从而形成一种不断探索、创新的思维模式,发挥学生的自主创造性。在网络环境教学中,学生成为学习的主体,网络学习系统中设计的真实、复杂和开放性的语言学习环境与问题情景诱发、驱动并支撑学习者探索、思考与解决问题的能力。学生有了这样的资源,再具备妥善处理这些信息的意愿,就可以真正实现培养自我探索式学习的目标。

多媒体网络技术有助于情境式学习。在真实的语言环境中学习,学生感知的语言才会更加具有完整性和意义。这些丰富的语言学习素材一方面因丰富多彩而大大激发学生的兴趣，吸引学生积极主动参与学习，引导学生在网上"电子畅游"世界，利用计算机教学软件自主视听或观看原版英语电影，以亲身的探索经历构建坚实的图式基础，在网络创置的语言情境下建构自己的目标语知识，达到语言学习的目的；另一方面，学生可以通过网络，随时下载有利于创造情境的资源，丰富高校英语的课堂教学。这可以引导学生通过网络培养阅读、听说、写作等技能，强化批判性和创造性等高级语言思维能力，将全球的知识信息连接起来，提供一个巨大的教学资源库，把娱乐性、参与性强的网站引入教学内容之中，充分调动学生的各种感官。此外，英语电视、英语新闻和各类国际活动的英语直播，特别是越来越多的高校建立电视英语中心，等等，都为语言学习创造了极好的语言情境，保证在较真实的英语环境中全面培养学生各项英语语言技能，在现实的语言体验中内化语言知识，形成并不断提高综合语言应用能力。

多媒体网络技术有助于合作式学习。在网络环境下，以计算机为核心的现代教育技术、教师、学生应构成一个生态化的高校英语教学环境，使三者在整合的教学情境中相互作用、相互补充、相互转换。建构主义认为知识是在行为活动或经验中建构的，是逐步显现的、情境化的，学习就是知识建构、解释世界和建构意义。语言教学过程不是一种单纯的认识和传递知识过程，是通过语言建立师生之间的合作关系、对话关系。在对话过程中，师生凭借各自的经验，用自己独特的表现方式，实现知识的共同拥有与个性化的全面发展。课堂不再是教师唱独角戏的舞台，不再是学生等待灌输的知识接收站，而是师生之间的双向互动。随着多媒体网络技术的介入，教学中的对话已不限于师生之间、生生之间言语的应答，师生互动课堂、生生互动"社区"、生机互动"在线"等教学环境的创建应运而生。在课堂、学生课外活动场所、网络虚拟空间三维环境中，所进行的师生、生生、生机间的英语互动活动中，教师的作用是引导、促进、协调，而学生作为活动的主体，通过探索、实践与合作，在做中学、探中学，逐渐完成对语言使用规则的认知和外化。在课堂上，教师可以让学生分组完成专题的准备和讨论，所有学生均被要求参与某一专题的准备和陈述，并设置自由提问环节，教师在整个讨论过程中起引导作用。多媒体网络教学环境为师生、学生之间提供了多种形式的语言交互途径，网络教学中的协作学习、小组讨论、在线交流等学习模式也使师生之间、学生之间通过交流信息实现互动合作，从而实现真正意义上的人机、人人互动。这样的教学模式转变不仅是采用了多媒体技术而引起的教学手段的转变，更重要的是引发外语教学理念的一场变革。与传统课堂模式相比，多媒体教学优化了外语教学资源的环境，提高了个人学习效率和教学效果。多媒体教学模式不仅仅是运用先进技术手段提高了教学效率，更重要的是改变以教师为中心的传统教学模式，形成了以学生为中心的个性化学习方式改变师生角色。更注重"学"而不是"教"的全新教学模式对于发展和培养我国学生迫切需要的外语综合应用能力和独立自主学习能力有深远意义。

## 二、高校英语教学方法

外语教学法是一门研究外语教学论和教学实践、外语教学过程和教学规律的学科。长期以来，外语教学界最为重视的就是外语教学法。因为，在其他条件等同的情况下，不同的教学方法会导致完全不同的教学效果，随着时代的发展，外部整体的学习环境发生了很大变化，教学模式也做出了相应改革。学生可以不再像以前完全依赖学校或者教师的授课，英语学习朝着个性化、主动式方向发展。教学中若没有相应的教学方法，教学内容就不能很好地传授，教学目的就难以达到。自高校英语教学大纲推行以来，我国的高校英语教学取得了很大的进步，主要表现在英语教学改革初见成效、教学设施得以改善、大学生的英语水平在逐年提高。然而，在高新技术迅速发展的今天，社会对于外语人才的要求越来越高。学生不仅要有扎实的语言知识，还要具备良好的综合素质和交际能力。因此，为了适应变化的学习环境和教学模式，满足新形势下外语人才的培养需要，我国高校英语教学的当务之急就是改革某些陈旧的教学方法，创造新的教学方法，寻找最优教学法。

最优教学法就是适应特定的社会环境、教学环境、教学对象、教学目的要求的教学法，目的是在充分利用现有条件的基础上达到最好的教学效果，而不是追求统一的、唯一的方法。任何教学法都有其产生的特定背景，并不能服务于所有教学目的，也不能适用于各种学习阶段，能达到最好教学效果的方法就是最优教学法。各高校在选择教学法的时候，要充分考虑学校教学环境、教学设备、学生整体水平以及师资力量等客观因素，结合教学目的与任务、教学内容、教学组织形式等教学基本成分，对现有的外语教学法实现重新组合搭配。

## （一）高校英语传统教学法

外语教学法是外语教学过程中的一个重要部分，是为完成教学任务、实现教师怎样教、学生怎样学以及师生相互作用所采用的方式、手段和途径。外语教学法是一定历史背景和社会环境的产物，是根据不同教学阶段以及教学要求决定的。不同的外语教学法产生于改革外语教育的实践中，受制于外语教育的目的，不同的外语教学法并非相互对立，而是长期相互依存的。各类教学法在见解方面相互借鉴，理论内容互相融合。

一方面，英语教学法总是处于批判、继承、发展、创新的过程中。正是这种历史继承性使综合与折中的趋势有了存在发展的可能；另一方面，高校英语改革是与时俱进的，是时代发展的要求。因此，可以说高校英语教学改革不是照搬外国的理论，而是以高校英语教学方法运用的现状与时代要求为立足点，选择一种既符合高校英语教育教学现状又符合时代需要的英语教学方法。由于受不同语言学基础和心理学基础的影响，传统教学法比较注重语言结构和语言规则的掌握，而相对后起的一些教学法如交际法，则比较注重语言意义和语言功能的掌握，我国高校英语教学中正在使用的、有代表性的几种方法可概括为：语法翻译教学法、情境教学法、交际教学法、任务型教学法、直接教学法。

语法翻译教学法始于18世纪，是随着现代语言作为外语进入学校课程而形成的第一个有影响的外语教学方法体系，也是我国早期高校英语教学主要采用的方法。语法翻译教学法强调学生母语在教学过程中的重要作用，强调母语和英语的共同使用，认为将母语与英语的异同挖掘出来有助于学生更加明确地理解英语。现代语法教学法主张以语法为语言的核心，是外语学习的主要内容，教师只需具备外语语法基础知识和母语与外语互译能力就可在语法理论的指导下开展教学。课堂教学以教师讲解为主，学生被动接受，使语法为阅读教学服务。语法翻译法把口语和书面语分离开来，把阅读能力的培养当作首要的或唯一的目标。因此，语言知识的提高、词汇的理解、语法的变化成了课堂的教学重点。在教学中，翻译既是手段又是教学目的，对语法学习的强调，对理性知识的重视，虽加深了学生对目标语言的理解，对阅读、翻译、写作等方面的培养行之有效，可围绕着语法规则的记忆与机械操练，学生运用英语进行口头和书面交际的能力仍比较薄弱。

情境教学法也叫视听法，主要针对听说法脱离语境、孤立地练习句型、影响学生有效使用语言能力培养的问题。在情境教学法中，语言被看作是与现实世界的目标和情景有关的有目的的活动。同时还激发学生学习英语的积极性和热情，帮助学生更为准确和牢固地完成对于英语知识点的记忆。通过获得有价值的感性材料，可以实现英语教学理论与实践的有机结合，为英语的语言知识学习提供良好的条件。但是情境法的不足之处是在运用过程中，强调通过情景操练句型，在教学中允许使用目的语而完全排除母语，这不利于对语言材料的理解和运用。教师若过分强调整体结构感知，就无法保证学生对语言项目的清楚认识。

交际教学法在师生共建的课堂互动模式中给学生提供更多使用语言的机会。在继承传统教学法合理成分的基础上，将学生能够运用英语语言能力作为学习的目的。它强调交际的过程，认为有没有一个具体的目标和明确的结果并不重要。交际教学法认为语言是实现交际目的的手段，但是仅仅具有听、说、读能力并不一定就能准确表达意念和理解思想，因为语言的交际功能受制于语言活动的社会因素，教学过程就必须交际化这就意味着要尽可能避免机械操练，而应让学生到真实的或接近真实的交际场合进行练习，感受情景、意念、态度、情感和文化修养等因素是如何影响语言形式的选择和语言功能的发挥。因此，教师应该借助课堂或者多媒体教学，多为学生创造，提供交际情景和场合，在真正意义上实现"用语言去学"和"学会用语言"，而不是单纯地"学语言"，更不是"学习关于语言的知识"。

任务型教学法是在 20 世纪 80 年代交际法被广泛接受的情况下产生的，它是交际法教学和第二语言研究两大领域结合的产物，代表了真实语境下学习语言的现代语言教学理念。任务型教学法是通过教师引导学习者在课堂上完成任务来进行教学的方法，强调"在做中学"，是交际教学法的延伸和发展，教育的重心从教科书和教师转到学生，教师引导学生在各种语言任务中学习。在课堂教学活动中，教师围绕特定的交际项目，创设出目标明确、可操作的任务，学生通过表达、交涉、解释、沟通、询问等多种活动形式完成任务，巩固旧知识的同时，学习与运用新的语言知识，以此达到学习语言和掌握语言的目的。任务法综合了多种教学法的优点，和其他教学法互相补充、相互完善。通过完成多样化的任务活动，学生的学习兴趣被激发，语言技能和语言知识得到了发展，对培养学生的语言综合能力大有裨益。这与传统的语言操练完全不同。任务型教学法充分体现了以学生为中心、以实现语言运用为目的的教学理念。

## （二）教学活动中多种教学法的综合运用

高校英语教学在方法上越来越趋向多样化、折中化、本土化、学生中心化和学习自主化。这些变化促进了中国的高校英语教学改革。外语教学是一门实践性极强的课程，它需要一定的知识传授，但更需要活泼、较为真实的课堂教学氛围，及作为英语学习主体的学习者的积极参与和大量的交际实践。教师的"教"和学生的"学"是教学的两个重要环节，需要教师和学生共同参与。那么如何在师生共建的课堂互动模式中，有意识地创造各种语言环境，积极调动学生学习英语的积极性，让学生正确地使用英语知识去表达、交流思想和传递信息，其是外语教学法要解决的首要问题，但是英语教学法的运用不是固定的、排他的，这就要求教师在教学过程中灵活地选择有效的英语教学法在以计算机、多媒体和网络为辅助手段的基础上，将不同的教学法穿插使用。这样可以有效地调动学生学习英语的主观能动性，有助于教师及时对教学过程进行调控，同时可以加强学生与教师之间的有效沟通，帮助学生更好地提高自身的语言能力。教师对教学法进行选择时应注意兼顾几个原则：知识的体系性、任务的多样性、情境的真实化。

英语教学法要帮助学生构建扎实的语言知识体系。高校英语的教学目标是培养学生的英语综合应用能力以及用英语进行交际的能力。交际能力由两个方面组成：语言知识和交际知识。语言知识的积累可以提高交际能力，交际实践可以巩固学到的语言知识，并进一步促进交际能力的提高。在这两者的关系中，语言知识的学习是基础，也是最终为语言交际服务的。教师在开展教学的过程中可以参照语法翻译教学法，先讲授词法，然后再讲授句法；采用演绎法讲授语法规则，再举例子予以说明；语法练习的方式一般是将母语句子翻译成外语。在强调阅读作为外语教学的主要目标的同时，考虑对学生听、说、写能力的培养，这样的教学法在很大程度上有助于学生英语知识体系的建构。此外，强调母语和目标语言的共同使用。这样在课堂上，教师适当地使用母语进行解释，尤其是针对具有抽象意义的词汇和母语中所没有的语法现象，既省时省力又简洁易懂；再者，将英汉两种不同的表达方式进行比较，可以提高学生正确运用目的语的能力，因此在教学中可以灵活采用。

教学法能否调动学习者的学习兴趣，是保证教学质量的关键所在，因此，在教学中教师应该确保学习任务的多样性。教师在设置任务的时候要以激发学生学习兴趣和成就感为出发点，围绕特定的交际和语言项目，设计出具体的、可操作的任务，让学生在任务的驱动下学习语言知识并进行技能训练，在感知、认知知识的过程中达到学习和掌握语言的目的。活动可围绕教材但不限于教材，要以学生的生活经历和实际交际活动为参照，不仅要有利于学生英语知识的学习、语言技能的发展和运用能力的提高，还应有利于促进英语学科和其他学科之间的相互渗透和联系，使学生的思维能力、想象力、协同创造精神等综合素质得到提高和锻炼。如上课之前让学生利用课余时间通过图书馆、网络等查阅相关资料，了解本单元的中心主题；建立学习小组，成员之间互相检查背诵、记忆教材内容或者根据课程内容提前安排小组排练表演并进行课堂展示等；在课堂上鼓励学生积极参与到各项学习、讨论、陈述中。因学习任务包含有待实现的目标和需要解决的问题，因此会激发学习者对新知识、新信息的渴求。这样，学生通过实施任务和参与活动，就能促进自身知识的重组与构建，摄入新信息并与学习者已有的认知图式进行互动、连接、交融与整合。

在教学中教师应通过模拟真实情境来拓宽教育空间，增强学生的感受性，强化参与意识，从而提高教学效果。传统的课堂教学被局限在教室中进行，现代信息技术的广泛应用使教育空间的拓展成为可能。教师可以在课堂教学中借助多媒体教学设备，为学生创设真实的语言环境或模拟情境，在模拟的情境中完成语言知识的学习和操练，在实践中提升交际能力。传统教学法的弊端之一就是教学法给学生造成一种距离感，形成"你讲我听"的被动状态。而情境教学法由于教师根据教材和心理理论创设了有关情境，从而缩短了师生的心理距离，强化了学生积极参与的意识，情境教学法强调在英语教学中充分利用生动、形象、逼真的意境，使学生产生身临其境的感觉，利用情境中传递的信息和语言材料，激发学生用英语表达思想感情的欲望，促进学生的语言能力及情感、意志、想象力、创造力等的整体发展。情境教学法的教学实践是以课堂教学为主线，综合运用多种办法创设真实语言情境，营造英语氛围，实践交际。教师可以鼓励学生在课后使用视听设备和语言实验室来放映英语电影、收听英语广播、收看电视节目，通过情景、视听教学，让学生把握地道的语音、语调和了解外国的文化背景。情境教学法既能突破传统外语课堂教学的狭隘性、封闭性，拓宽教学空间，又能引发学生的兴趣，唤起学生的参与意识，提高教学质量，对外语课堂教学来说这是一种切实可行的教学法。教学要以重视、发展语言技能和交际能力为主，应采用多种交际功能项目，保证交际的趣味性。

综上，每一种英语教学法自有它产生和存在的条件。在实际教学中教师应该仔细研究各种教学法的特点，熟悉并掌握其中的技巧，不能盲目地推崇某一种教学方法，否定另一种教学方法，应根据教学活动的具体情况综合使用各种教学法。没有一种单纯的教学方法是万能的，过多地依赖或推崇某一种教学法的做法常常会在具体的教学实践上产生某种偏差。这不利于外语教学的进一步发展与提高。高校英语教学大纲要求教师不仅要向学生传授语言知识，训练语言技能，还要培养学生运用英语进行交际的综合能力。这一要求是立体的、多层次的，而且当前大学生获取知识的渠道多样化，自学能力强，所以，教师在教学中必须本着客观、实事求是的态度，结合教学特点、学生的实际情况以及现有的教学资源，选择合适的教学法，由此，有效地开展高校英语教学。

## 三、高校英语的教学手段

教学手段是构成教学系统的要素之一，是为了实现预期的教学目的，教学手段是师生教学相互传递信息的工具、媒体或设备。高校英语教学应尽可能地为学生创设自主式学习环境，体现个性化教学。将多样化和立体化引入传统的英语课堂，这些要求对高校英语教学提出了新的挑战。高校英语教学需从调整教学观念及教学手段等方面入手，重新审视并合理地运用传统教学手段和现代化教学手段。使教学以更快的速度、更高的效率、最大限度地激发学生的学习动力及开发他们的潜力，以保证新形势下高校英语教学的质量。

现代信息技术的应用和普及，尤其是多媒体技术和网络技术的结合，为外语教学提供了强大的技术手段，特别是多媒体外语教学软件的出现给外语教学带来了勃勃生机，在教学中充分利用以多媒体技术为核心的现代教育技术是高校英语教学改革和发展的必然要求，是各高校英语改革的主要方向。传统的英语教学模式主要是面对面的单向式课堂教学，多媒体网络教学以其形象性、生动性、先进性、高效性等特点弥补了传统教学中的不足，成为现代化教学的一种重要手段而被广泛采用。

（一）现代化教学手段的利弊

现代化多媒体教学手段集声音、图像、视频和文字等媒体为一体，具有形象性、多样性、新颖性、趣味性、直观性、丰富性等特点。它可以根据教学目的、要求和教学内容，创设形象逼真的教学环境、声像同步的教学情景、动静结合的教学图像、生动活泼的教学气氛。它是现代科学技术的发展在教学中的反映，且具有直观性强、智能化的特征。多媒体的应用可以用来设计全新的整体教学过程和交互性、个性化的训练方式，促使教学过程发生根本变化，形成教师、学生、教材和教学方式的新组合，能为语言学习者提供一个良好的视觉、听觉交互式语言环境，达到其他教学手段无法比拟的教学效果。与传统的教学手段相比，多媒体辅助教学有着明显的优势。多媒体是集图、画、视频、音频与文本于一体的教学手段，是从视觉、听觉与感觉等方面同时刺激神经系统，使学生动脑、动眼、动嘴、动耳、动手，开展积极的思维活动，提高语言交际能力。教师在多媒体教室使用现有的多媒体软件，通过动态过程的演示和模拟情境，将知识以图文并茂的形式展示出来，通过形象逼真、色彩鲜艳的画面、生动有趣的形式充分刺激学生的多种感官，使单调的书本知识形象化、具体化，极大地激发学生学习的兴趣，为学生参与听、说训练创造良好的气氛和环境。同时，学生可以借助计算机，根据各自的喜好选择不同的学习内容，既可听单词、课文的朗读，也可以通过虚拟课堂讨论、角色扮演、游戏等来培养英语思维能力，有效地提高英语的实践能力。

现代化教学手段能够增大课堂信息容量，提高授课效率。课堂教学中引入多媒体课件，可增加课堂信息量，大幅度降低教师的劳动强度，提高课堂效率。传统课堂教学需要教师写板书、学生记笔记，教师与学生劳动强度都较大。计算机多媒体技术的发展为教学提供了强大的技术支持，教师可以运用计算机事先准备好授课内容，制作汇集大量的文本、图形、图像、视频、音频资料的课件，则可充分利用课堂时间。多媒体课件包含的信息量大，以其信息和数据表达的多样性，调动学生多种感觉器官参与学习，更增强了学习的趣味性，从而提高授课效率，相比于传统教学而言，在同样的时间里可以呈现更多的信息，因为多媒体教学节约教师写板书的时间，降低教师的劳动强度，使教师在单位时间内向学生传递更丰富的知识，而且可以有效地压缩课内教学学时，给学生以更多的讨论、小组活动、师生互动的时间。教师可在课后将课件传送在校园服务器上，供学生随时查阅，这无异于给学生提供一本完整的课堂笔记，从根本上解决了学生上课时听与记之间的矛盾。

## （二）传统教学手段与现代化教学手段的运用

教学手段是教育者通过教学内容联系教育对象的桥梁，是教学主体与客体交流教育信息的物质基础。教学手段的运用直接影响师生之间信息传递的质量与效果，进而影响教育对象的思维发展。随着现代科学技术的发展，教学实践条件发生了变化，多媒体教学受到越来越多的重视和应用。传统教学授课形式较为单一且趣味性不强，但在传统教学手段在高校英语教学中表现出的优势对于提高整个高校英语教学水平无疑是有积极促进作用的。因此，针对传统教学手段和多媒体教学手段各自的特点，教师在教学过程中应重新审视如何合理地运用传统教学手段和现代化教学手段，做好两种教学手段的整合，以提高高校英语教学的质量。

传统教学手段多借助文本教科书、挂图等记录、储存教育信息。教师备课认真，则讲课内容丰富，讲课有条理。学生通过观察教师的表情、动作等肢体语言，可以领会教师的用意，进而有助于对知识的消化和吸收，在课堂上师生交流的机会较多。与现代教学手段相比，以"粉笔+黑板"为标志的传统教学手段虽然过于费时、形式比较单一但却是在长期教学实践中保留下来的一种传播知识文化的方式。它在加强师生之间的互动关系、调动学生积极思考、通过教师的肢体语言传达给学生直观的感受等方面发挥着巨大作用，其独特的教学效果是现代教育技术不可替代的。

现代教学手段是借助多媒体教学、电视教学、网络远程教学等，极大提高了教学效率，从根本上改善了高校英语教学的环境，同时也极大地丰富传统的教学手段，二者互相补充、扬长避短就可实现教学手段的优化整合，为英语教学提供新思路。

多媒体教学作为重要的现代化教学手段在高校英语教学中受到重视并得到较为广泛的应用，但过分夸大计算机辅助教学的功能，以计算机来完全代替传统教学的教学手段是不现实的，因为多媒体辅助教学手段仅是构成教学环境的一个重要方面，不可取代教学过程中的所有环节。在教学中要根据教学目标、教学内容以及教学对象的特点，有针对性地设计和选取教学手段，将多媒体教学手段与传统的教学手段有机结合，实现优势互补，才能提高高校英语的教学效果和质量，提高高校大学生的英语综合运用能力，为我国的社会发展和经济建设提供高素质的外语人才。

# 第二章　高校英语教学模式

英语教学模式是指在英语教学实践中，经过教师长期的反复探索，不断总结而形成的一系列行之有效的教学模式。一个良好的教学模式，可以为英语教学和研究的进一步发展打下基础。英语教学中我们采用几种有效教学模式并在英语教学中实践应用，进而总结出英语课堂教学实践中应根据学生实际情况采取多种教学手段传授知识，注重能力的培养，提高英语教学水平。我们在近年的英语教学实践中，一步步地从传统的单一讲解教法中解脱出来，在英语课堂教学中使用探究式教学模式、多元智能教学模式、参与式教学模式、内容型教学模式等多元化手段传授英语知识，取得较好的效果。

## 第一节　探究式教学模式

### 一、探究式教学的内涵

探究式教学，又称发现法、研究法，是指学生在学习概念和原理时，教师只是给他们一些事例和问题，让学生自己通过阅读、观察、实验、思考、讨论、听讲等方法去独立探究，自行发现并掌握相应的原理和结论的一种方法。它的指导思想是在教师的指导下，以学生为主体，让学生自觉地、主动地探索，掌握认识和解决问题的方法和步骤，研究客观事物的属性，发现事物发展的起因和事物内部的联系，从中找出规律，形成自己的概念。可见，在探究式教学的过程中，学生的主体地位、自主能力都得到了加强。探究式教学是以探究为基本特征的一种教学活动形式，它包含两层意思：第一层是什么是探究；第二层即什么是探究式教学。

在当今国际科学教育改革的热潮中，探究是出现频率最高的几个关键词之一。探究是求索知识或信息尤其是求真的活动，是搜寻、研究、调查、检验的活动，是提问和质疑的活动。探究，就其本义来说，是探讨和研究。探讨就是探求学问、探求真理和探求本源；研究就是研讨问题、追根求源和多方寻求答案，解决疑问。探究式学习是指仿照科学研究的过程来学习科学内容，体验、理解和应用科学研究方法，获得科学研究能力的一种学习方式。以探究为基础的学习或者教学，指学生通过自主参与获得知识的一种积极的学习过程，是让学生自己思考怎么做，甚至做什么，而不是接受教师思考好的现成的结论。因此，探究式学习既是一种学习方式，也是教育教学的目标之一。

探究式教学要求教师用理论去指导实践，在实践的基础上再总结出新的理论，推动教学不断向前发展。其具体是指教师引导学生对有关的学习内容进行深入探讨，或对有关问题进行多方面的研究，以寻找答案、解决问题的过程和活动的方法。它的实施就是让学生以自主、能动的方式在学习过程中掌握知识，获得能力，习得科学的方法，养成科学态度和科学精神。

因此，探究教学的实质就是按提出科学结论和检验科学结论的结构方式去揭示科学结论，即要把所提出的观念和所进行的实验告诉学生，要说明由此得到的结论，还应阐明把这些资料转化成科学知识的解释。

## 二、探究式教学的特征

### （一）注重从学生的已有经验出发

学生的学习不是从空白开始的，已有的经验会影响他们现在的学习。所以，教学只有从学生已有的知识和实际出发，才能激发学生的学习积极性和主观能动性。否则，就很难达到预期的教学目标。

### （二）培养学生的探究能力

探究教学不是教师先把结论直接告诉学生，通过演示实验或学生实验加以验证，而是让学生通过各式各样的探究活动，例如观察、调查、制作、收集资料等，亲自得出结论，使他们参与并体验知识的获取过程，建构起对新事物的新认识，并培养科学探究的能力。这种通过多样、复杂的活动情景来获得知识的教学方法，可以使学生从多角度深入地了解知识，建立知识间的联系，从而使他们在面对实际问题时，能更容易地激活知识，灵活地运用知识解决问题。也只有这样，学生的学习才是积极主动的，才能真正激发学生学习的内在动力。

### （三）重视过程和结果

一方面，要求学生在教师的指导下，对事物和现象主动地去研究，经过探究过程来理解知识的内在联系，从而达到灵活掌握和运用知识的目的；另一方面，需要教师把知识和科学方法有机结合，在学生掌握知识的基础上，让他们通过观察、调查、假设、实验等多种形式的探究活动，经过收集信息和分析信息的过程，从而获得自己的探究结果或制作出自己的作品，培养学生的科学态度和精神。

### （四）重视知识的运用

探究教学的一个基本特点就是学以致用，发展学生运用知识解决实际问题的能力。探究教学能综合获取知识，跨学科解决复杂的、综合的以及涉及知识面广的问题。在掌握知识、运用知识、解决问题的学习过程中，探究教学能使学生更接近生活实际和社会实际，有利于培养学生的实践能力。

### （五）重视形成性评价和学生的自我评价

探究教学的评价要求较高，如其要求评价每一名学生理解了哪些概念，哪些还模糊不清或不知道，能否灵活地运用知识解决问题，是否能提出问题，是否能设计并实施探究计划，其是否能分析处理所搜集的数据和证据，是否能判断出证据是支持还是反对自己提出的假设，等等。单靠终结性评价是难以奏效的。探究教学在重视并改进终结性评价的同时，很重视对学生的形成性评价。如学生每天的笔记、撰写的报告、绘制的图表，以及与学生面对面的交流、学生针对某一问题所做出的解释等，教师可以通过这些了解学生对知识理解的深度和广度，以及进行科学推理的能力。

重视学生对自己学习过程的评价是探究教学评价的另一个特点。学生不断地对自己的探究学习进行评价，如检查采用的方法是否合适、解释是否得当、对知识的理解程度如何等，可以大大提高学习效率，有利于学习目标的达成。

（六）重视师生互动

探究式教学法的出发点就是发挥学生的主观能动性和创造力，以学生为中心，让学生自己去探究，自己去历练，积极地参与各种活动，从而获得知识。但学生的自主与教师的指导并不是非此即彼的关系，教师是在尊重学生选择的基础上进行指导，而学生则是在教师的指导下进行自主的探究，两者是一种互动和相互促进的关系。

## 三、探究式教学的意义

（一）探究式教学符合教学改革的实际，能满足改革者的心理需要

教学改革的宗旨主要有三点：一是打破传统教学束缚学生手脚的一套做法；二是遵循现代化教育以人为本的观念，给学生以最大的发展空间；三是根据教材提供的基本知识，把培养学生的创新精神和实践能力作为教学的重点。只要能做到这三点，改革就能取得实效。改革就是不断探究新的教学途径和教学方式。最终实践会告诉每一位教育改革者，探究式教学则是非常符合改革者的实际需要的。

（二）探究式教学能使班级教学更具活力和效力

实施探究式教学，一是要最大限度减少教师的讲授；二是要最大限度满足学生自主发展的需要；三是要尽可能做到让学生在"活动"中学习，在"主动"中发展，在"合作"中增知，在"探究"中创新。

（三）探究式教学能破除"自我中心"，促进教师在探究中"自我发展"

课堂教学改革难，在很大程度上是难在教师身上。究其原因，主要是教师"自我中心"观念的顽固性和长期沿袭传统的惰性。由此可见，用现代教

育理念去改造和战胜传统教育观念多么艰难。教师要改变自己，就要在实践探究中学习，总结自己的经验，学习别人的经验，包括向学生学习。通过探究式教学，教师的角色会有一个大的转变——由过去的"台前"走到现在的"幕后"，做一个"导演"。安排好适当的场景，引发学生的学习动机，使学生从观众变成实际的参与者。

## 四、探究式的教学模式

### （一）自主探究教学

自主探究教学就是引导学生的自主学习以促使学生自觉地投入到学习中去，独立思考，主动建构知识的教学模式。

#### 1. 自主探究教学的主要特征

第一，教师是教学的主体，学生是学习的主体，教师和学生同为主体，形成了主体性和民主性的师生关系。

第二，注重教学过程的开放性和研发性，关注教学过程中学生主体意识的发挥，关注学生的创造力和创新意识，重视教师对学生的引导、启发，注重学生自主、能动地进行探究和发现。

第三，注重学生的参与性并提倡适度合作探究的辅助作用。

第四，要求问题设计的合理性和教学的有效性，提倡教学的多维互动性以及教学方式的多样性。

#### 2. 自主探究教学的操作思路

第一，要求教师做到明确学习目标，明确预习的价值、提纲及预习方法，要求教学具有整体性、生活性、开放性。

第二，探究包括个人独探、同伴互探、小组齐探、全班共探等四个支点，教师要着重考虑如何监管学生活动、如何分组、如何指导学生。

第三，教师要通过分层运用、内外运用、反馈三个支点，指导学生实现应用转移。

第四，教师要注重发挥学生的主体性和促进全体参与，给学生自主探究的权利，教学过程主要靠学生自己完成。

第五，教师是学生学习的促进者、参与者、指导者、引导者，甚至要与学生"共同学习、共同探讨"。

**3. 自主探究教学易出现的问题及解决方法**

第一，流于形式，缺少教师适当的指导，无法完成探究的任务。

第二，教师承包探究，学生只是验证探究，无法提出问题，不会猜想，不能体验到探究的必要性和成功的乐趣。

第三，选材不当，缺乏探究意义。

第四，教师布置不当，学生收集资料困难。

第五，教学时间安排不足，自主探究走过场。

第六，教师对课后探究指导不足导致课后延伸草草收场。

针对以上问题，教师一定要根据教学需要，根据学生的实际情况进行适当引导；教师应该充分相信学生，促进学生主动参与，激励学生发挥主观能动作用，最大限度调动学生自主探究学习的积极性和主动性；教师要关注探究内容的适度性、可操作性和趣味性；教师应在课前下发"导学学案"，让学生据此进行预习、寻找资料；教师还要更新观念，充分相信学生，同时给予学生更多的自由支配时间；最后教师要及时介入学生的探究活动，成为他们中的一员，并对学生课后的探究给予必要的指导。

## （二）合作探究教学

合作探究教学是指在教师的引导下，学生根据不同层次，以4~6人混合编成小组，在一种积极互助的情境中，为达成共同的目标，分工合作，相互帮助，彼此指导，以集体的成功为评价依据，最终促进个人发展的教学模式。

**1. 合作探究教学的基本要素**

第一，要让学生知道他们不仅要为自己的学习负责，而且要为其所在小组的其他成员的学习负责，在探究过程中积极互助。

第二，小组中的每个成员都必须承担个人责任，尽职做好自己的工作。

第三，混合编组要尽量保证一个小组内的学生各具特色，能取长补短。

第四，学生的社交技能水平既是合作探究的结果又是合作探究的前提。

第五，小组自评或团体反思能保证小组不断发展和进步。

## 2. 合作探究教学的操作思路

第一，合作设计要合理，应以合作、互动为特点。

第二，提前设定目标，为评价提供依据。

第三，通过自学、小组互助，促进集体成果的积累。

第四，自评与他评相结合。

## 3. 合作探究教学易出现的问题及解决方法

第一，问题设置过于简单，合作探究流于形式，失去了合作探究的意义。

第二，重探究忽略总结。

第三，只注重优秀生，不兼顾后进生。

针对以上问题，教师提出的"问题"要紧扣课堂讲授的重点、难点，问题要有启发性，并能充分调动学生合作学习的兴趣；教师要引导学生对答案进行总结，使讨论的答案得到统一；最后，教师要特别注意对学生的心理进行辅导，让他们树立信心，同时提供有层次性的问题，使后进生也能胜任，强调整体的进步，形成让优秀生主动帮扶后进生的氛围；在合作探究的评价中，教师要对不同发展水平的学生有不同的要求，应关注每一位学生，特别是后进生。

## （三）情境探究教学

情境探究教学指在教学过程中，教师有目的地引入或创设具有一定情绪色彩的、以形象为主体的生动具体的场景，引发学生一定的情感体验，从而帮助学生理解文本，并使学生的心理机能得到发展的探究教学方式。

### 1. 情境探究教学的基本原则

第一，意识统一和智力统一原则。要求教学中既要考虑如何使学生集中思维、培养其刻苦钻研的精神，又要考虑如何发挥情感、兴趣、愿望、动机、无意识潜能等智力活动的促进作用。

第二，轻松愉快的原则。要求在轻松愉快的情境或气氛中引导学生主动提出各种问题，展开自己的思维和想象，寻找答案，分辨正误。

第三，自主性原则。强调良好的师生关系和学生在教学中的主体地位。

### 2. 情境探究教学的操作思路

第一，借助实验创设情境，帮助学生将当前的学习知识与自己已经知道的事物相联系，建构起所学知识的系统。

第二，借助新旧知识的关系、矛盾，创设情境，让学生产生学习的欲望，进而形成积极的认知氛围和情感氛围。

第三，借助生活实例创设情境，让学生有真实的感受，以便引起学生的探究兴趣，激发其求知的欲望。

第四，运用实物、图画、表演、语言、故事等展现和创设情境。

### 3.情境探究教学易出现的问题及解决方法

第一，易产生"花盆效应"。学生的学习能力在人工的、人为创设的"典型性场景"中发展比较顺利，但脱离了该种情境后，很可能出现回落的现象。

第二，由于情境教学过分强调情境功效，加之对课程整体性、意会性及模糊性特点重视不够，易出现人工雕琢之痕，以及"作秀"之嫌。

第三，由于情境教学强调人为创设情境，对教师的素质要求太高，教师必须具备高超的语言表达能力，甚至要能歌善舞、能谈会唱。

针对以上问题，教师必须熟练掌握教材，准确把握学生心理特点、智力水平，熟悉他们的内心世界，并针对学生的特点，恰当地选择和运用科学手段、方法，以便结合教材创设情境。

## 第二节　多元智能教学模式

### 一、多元智能的基本内涵

#### （一）语言智能

语言智能指用文字思考、用语言表达和欣赏语言奥妙意义的能力。这种智能涵盖了对口头和书面语言的敏感程度，学习各种语言的能力，以及运用语言实现特定目的的能力。像诗人、作家、演说家、记者、律师、新闻播报员等都体现了高度的语言智能。

## （二）逻辑—数学智能

逻辑—数学智能是人能够计算、量化及考虑命题和假设，且能够进行复杂的数学运算的能力。运用这种智能常常包括以下几个过程：类聚、判别、推理、概括、计算、假设和检验。逻辑学家、科学家、数学家、会计师、工程师、电脑程序设计师等都展现出很强的逻辑—数学智能。

## （三）空间智能

空间智能即在脑中形成一个外部空间世界的模式并运用和操作这种模式的能力。这种智能让人有能力以三维空间的方式来思考，主要包括对色彩、线条、结构、形状和空间关系的敏感性以及很强的空间思维和空间定位能力。雕刻家、画家、建筑师、飞行员等都表现出高度发达的视觉空间智能。

## （四）身体—运动智能

身体—运动智能是个体操作运用其身体或身体的一部分来表达思想、情感或创作的能力。包括个体的协调性、平衡性、技巧性、力度、速度以及身体的感知与触觉能力。这种智能在舞蹈家、运动员、工艺者、外科医生等人身上体现得尤为突出。

## （五）音乐智能

音乐智能即感受、辨别、创造曲调和节奏以及运用音乐表达的能力。音乐智能占优势的人对各种非语言的声音和日常声音、节奏等非常敏感。这种能力在歌唱家、指挥家、作曲家、乐器制作者、演奏家、调音师等人身上均有杰出表现。

## （六）人际智能

人际智能即理解他人，能与人有效交往的能力。特别表现在观察和感知他人情绪、动机、意图及情感变化的能力。成功的政治家、教师、推销商、社会工作者等都是具有较高人际关系智能的人。

## （七）内省智能

内省智能是深入自我内心世界，建构正确的自我认知并运用其规划自我人生的能力。包括对自我的准确定位和描述，了解自我内心情绪、动机、意图和愿望以及自知、自律等能力。这些在哲学家、心理学家等人身上均有突出表现。

### （八）自然观察智能

自然观察智能指个体能够高度辨别环境（自然环境和人造环境），并运用这些能力从事生产的能力。自然观察智能较强的人善于觉察不同自然物种之间的细微差距，对自然界的变化极具敏感性。

### （九）存在智能

存在智能指对人生和宇宙终极状态的思考能力，其核心是在直达无限广阔宇宙的尽头为自我定位的能力。

## 二、多元智能的潜在原则

### （一）关于智能本身性质的原则

第一，多元智能所包含的几种智能模式是暂时性的，除了以上智能外，仍有可能有其他智能存在。

第二，每一种智能都享有其独特性，但并非独立运作，它与其他智能是同时并存、相互补充和统一运作的。

### （二）关于人类智能发展的原则

第一，每个人都有与生俱来的各种类型的智能。每一个正常人都享有上述的几种智能，但受遗传、文化与环境差异的影响，每个人的各种智能的发展程度是不尽相同的，而且有时会以不同方式来统合这些智能。

第二，每个人的各种智能都是可变的。智能并非固定和一直处于静止状态的，它们或被强化与扩大，或被缓减和削弱，其中文化是影响智能发展的重要因素。

第三，每个人所享有的每种智能都有其独特的发展阶段和顺序。在每种智能的发展过程中，它至少经历了四个不同的发展阶段：最初邂逅阶段—使用阶段—正规教育阶段—接受阶段。其发展过程的快慢、强弱受个体文化环境中诸多因素的影响。

第四，每个人的智能都是能够"培养"和"教授"的。虽然个体与生俱来的智能各不相同，但绝大部分是在个体的青春期和以后发展成熟的，人之所以能出色地发展并超越其出生时所具有的智能，关键在于后天的"培养"和"教授"。

## 三、聚集多元智能的英语教学模式

发展学生的多元智能已经成为 21 世纪英语教学的一种趋势，把多元智能观念渗透英语课程中，研制多元智能课程模式与教学计划，是多元智能理论在英语教学实践中最佳的切入点。例如，①设计多元教学。把某个智能作为科目的单位，设计与该智能相关的活动。在"人际交往科目表"中，可以设计"组织或参与一次英语晚会、与同学进行英语会话、与同伴交换检查或批改英语作文"等活动。实行时允许学生选择自己喜欢的科目表，采用自己擅长的学习方法；鼓励学生用各种方法展示自己的才能和所学知识。②安排多元课程规划表。将智能目标落实到英语课程或单元教学中，将培养各种能力与课堂教学有机结合起来。教师应当明确什么是学生应当掌握的最有价值的知识，训练哪些方面的才能，探索恰当的教学方法。教师设计的教案应包括课程或单元名称、课程或单元目标、教学预期成果、教学资源或辅助材料、学习活动、教学步骤和评价方式。

多元智能理念指导下的教学有四个阶段：第一阶段（唤醒智能），通过运用视觉、听觉、嗅觉、味觉、触觉等多种感官和内心感觉，如本能、元认知和洞察力等激活各种智能，感性认识周围世界事物的多种特征；第二阶段（拓展智能），这涉及能力的沟通——通过接触他人、事物或特定的情景体验情感，调节并为培养、拓展和加强每一种被唤醒的智能所进行的练习活动和强化认识活动；第三阶段（为智能而教，用智能来教）在教学中传授学习方法与策略，把智力开发与教学重点相联系，帮助学生了解自己的智力程度、发展潜能；第四阶段（迁移智能）把智能与日常生活相融合，在真实的环境中恰当地运用智能解决问题，应对挑战，使各种智能成为我们日常认知、情感和生活的一部分。

## 第三节 参与式教学模式

### 一、对"参与"的理解

"参与"即参加,多指对事物的发生、发展起着一定作用的一种参加。"参与"是一种思想观念,强调所有相关人员对相关事情的决策、规划、实施、监测、评估等活动的介入;"参与"是一种实践性的活动,既强调活动过程中参与者的"在场性",也强调参与者共同生成活动的结果。"参与"是一个过程,一个不断发展、演化的过程,在这个过程中,参与者要明白自己是参与的一分子,而非"局外人",明白自己参与的目的是通过参与,使自己的自尊、自信和自主性都得到提高;"参与"是参与者的一种投入状态,从个体的角度看,"参与"指个体在认识活动中认知和情感方面的投入,个体与其他个体间的互动,个体与群体之间的相互影响的方式和程度等。从群体的角度看,"参与"指的是所有参与者的总体投入状况,包括他们所形成的小组类型、小组内不同角色的分工、小组的竞争与合作机制、小组的发展阶段和特点等。

### 二、参与式教学的含义

参与式教学指在自由、民主、平等的教学氛围中,教师采用灵活多样的教学手段和教学方法,以学生为中心而学生也自愿地、主动地、积极地参与教学的各个环节,与教师共同推进教学的一种教学模式。与以教师、教材为中心,黑板、粉笔为媒介的传统教学模式相比,参与式教学努力创设一种能使学生真正成为教学的中心、学习的主体的教学氛围。主体参与可以活跃课堂气氛,满足学生的表现欲、发展欲,这是教学生命线。通过主体参与,学生将会对教学内容有选择的机会、对教学进度提出建议、与教师一道设计教学方法、积极参与并对教学过程进行适当的调控、干预以及对教学结果进行评价等,确保学生真正发挥自己的主观能动性。

## 三、参与式教学的特点

### （一）全体性

强调全体师生的参与。参与教学是全体教师、全体学生的参与，而每个学生都应该是积极参与的主体，都不应该被忽视，老师对待他们不得有别。每个学生都有平等的参与机会，都有发表自己观点的权利与义务。同时，老师的参与不是指某一个老师唱独角戏，是要同一年级、同一学科的教师加强交流，在交流中就教学经验方面互相取长补短，了解学生情况。

### （二）全面性

强调师生在各个教学环节的全方位的参与。教学是一个过程，有很多环节。学生参与教学，就要参与教学的各个环节。具体表现在课前（课前参与），学生与老师共同进行教学设计，如设计教学内容、教学目的、教学重难点、教学方法、教学手段、教具以及教学的具体步骤；在课中（课中参与），学生以提问、讨论、回答等形式介入教学；在课后（课后参与），通过查阅资料、完成作业、继续探讨存在的问题、参与实践或实训等方式，与老师和同学交流。在整个过程中，可以向教师、学校领导等提出教学建议等，对教学实施监控或干预。

### （三）开放性

强调教学方法、教学内容、教学媒体、教学评价的开放性。教学要想有效果、出成绩，就得有方法，但无统一、固定的模式。哪怕对相同的学生，不同的教师也可能采取不同的方法，学生可以根据自己的兴趣、爱好和需要选择适合自己的学习方法；在教学开始前，学生和老师共同参与教学设计，学生也能根据自己的实际情况确定学习方法；教学过程中，学生积极与教师互动，参与教学课堂的各个环节；课后学习中，除已完成教师布置的作业外，学生也可选择自己感兴趣的内容做进一步学习和研究。在参与式教学中，教师以教材内容为依托，但不局限、拘泥于教材。学生通过参与，把自己的个体经验与教师传授的知识以及来自其他资源的知识综合起来。参与式教学中采用的是现代教育技术。教师可以利用多媒体进行备课和上课，学生也可以用多媒体进行学习，将自身存在的问题和教学建议及时反馈给教师。在参与式教学中，评价主体不只教师，还有学生自己和社会等，评价是公开、公平、客观的形成性评价。

### （四）合作性

强调师生之间的合作伙伴关系。师生参与教学的过程就是他们之间平等合作的过程，教师和学生一起发现问题、提出问题、分析问题和解决问题。在合作过程中，形成多元化的智慧和思想的交流。

### （五）生成性

强调学生自主地建构自己所理解的知识。在参与式教学中，学生通过主动地参与教学，吸收和理解来自课内、课外的知识，主动构建、生成自己的知识。也就是说，这种生成是动态的生成。

### （六）宽容性

强调师生应该相互具有宽容心。在参与式教学的过程中，一定范围和程度上允许学生自主地表达个人的见解，发表不同的意见，甚至对学生的反对意见和错误的言行给予包容。对此教师要进行教学反思，有利于教学的进一步开展。

## 四、参与式教学模式和方法

参与式方法的教学模式比较多，没有固定的套路，因教学内容、教学目的、教师和学生的不同而不同。国内外的参与式教学模式和方法有提问、头脑风暴、小组讨论、角色扮演、案例分析、小组合作、歌舞、戏剧等，这里介绍几种常用的模式。

### （一）提问法

提问法是参与式教学法中使用得最多、最频繁的方式。基本程序包括：①检查学习者对所学知识的掌握程度，了解他们是否跟上了进度；②检测学习者目前的学习状态，看他们是否保持浓烈的学习兴趣和学习热情；③促使学习者自己思考和寻求答案；④提问起着承前启后的作用，可以帮助开始下一轮讨论或学习。

提问的作用很明显，一旦使用不当，则会使学习者觉得是盘问，也不利于教师和学生间的平等交流。为避免此种情况的发生，教师要注意以下几点：①不能故意提刁难学习者的问题；②只提与学习目的和内容有关的问题；③只提学习者力所能及的问题，尽管有时有一定难度。

为了提高学习者回答问题的质量，教师提的问题要有质量，避免一些不合适的问题，高质量的问题包括如下几类：

第一，开放式问题：这类问题通常以 wh- 特殊疑问词开头，如 where、when、who、why、what 等。

第二，追问问题：对回答者进行循循善诱的、层层递进的提问。

第三，确认理解问题：确认学习者理解了提问，确认教师了解了学习者的回答，要求学习者确定自己的回答。

而不合适的、低质量的问题有：只需用"yes"或"no"来回答的封闭式问题、给予回答者明显暗示的引导式问题、回答者只能回答某部分的多重式问题或太简单、太难的问题。

另外，教师得为学习者创建安全、轻松的环境氛围。

## （二）头脑风暴法

头脑风暴法是一种参与式教学的模式，同时也是一种创造能力的集体训练法。所谓头脑风暴，最早是精神病理学上的术语，指精神病患者的精神错乱状态，现在比喻思维高度活跃，产生无限制的自由想象和讨论，并由此产生新观念或激发创新设想。它的特点是让参与者根据特定的议题，敞开思想，自由地、快速地说出自己的想法，使各种设想在相互碰撞中激起脑海中的创造性风暴。

由于"头脑风暴"的参与面非常广，人人都在"畅所欲言"，看上去很热闹。但有效的"头脑风暴"并不那么容易组织。要遵循以下基本环节和基本原则。

### 1. 基本环节

（1）明确议题

让参与者明白要讨论的问题是什么，最好把问题写在黑板上或展示在纸上。

（2）资料准备

为使头脑风暴的效率较高，效果较好，可在讨论前做一点准备工作，如收集一些资料预先给大家参考，以便了解与议题有关的背景资料。

（3）确定人选

一般以 8 ~ 10 人为宜，也可略有增减，人数太少不利于激发思维，而人数太多则不容易掌握。

（4）明确分工

要推定 1 名主持人，重申讨论的议题和纪律，在讨论进程中启发引导，掌握进程；1 名记录员，将参与者的所有设想进行简要记录。

（5）规定纪律

根据头脑风暴法的原则，可制定几条纪律，并要求参与者遵守。

（6）掌握时间

讨论时间由主持人掌握，不宜在讨论前定死，一般来说，以几十分钟为宜。

2. **基本原则**

（1）自由畅谈

参与者从不同角度、不同层次、不同方位，大胆地展开想象，尽可能地标新立异，与众不同，提出独创性的想法。

（2）延迟评判

头脑风暴，必须坚持当场不能否定某个设想，也不能对某个设想发表评论性的意见。一切评价和判断都要延迟到讨论结束以后才能进行。

（3）禁止批评

绝对禁止批评是头脑风暴法中应该遵循的一个重要原则。参加头脑风暴讨论的每个人都不得对别人的设想提出批评意见，因批评对创造性思维无疑会产生抑制作用。

（4）追求数量

头脑风暴会议的目标是获得尽可能多的设想，追求数量是它的首要任务。

（三）小组讨论法

小组讨论是在参与式教学中发挥很多作用的一种模式，主要为组内讨论。

通常按 4~6 人一组把学生分成若干小组，就一两个题目展开讨论。尽可能让参与讨论者移动课桌椅，彼此靠得更近，以便面对面地进行讨论。小组成员身体距离的靠近和眼光交流既可以提高讨论质量，也可以促进人际的和谐与信任。小组讨论的具体步骤和组织要点如下：

第一，将全体参与者分为 4~6 人的小组，采用全班集体活动方式。分组时，视具体活动目的而采用按自愿组合、按学号混合或者按性别混合、能力混合、个性及知识经验混合。

第二，在分组后，明确每小组具体目标及活动需要的时间。为实现共同目标，将参与者进行角色分工。每个成员都担任一定的角色，如：召集员（负责组织讨论）；计时员（保证小组内每一位成员都有机会发言，提醒发言过长者缩短说话时间）；记录员（负责将本组讨论或活动结果记录在纸上）；汇报员（负责向全班报告本组讨论和活动成果）。这些角色由不同的人轮流担任。

第三，教师是全班集体讨论活动的组织者。其职责是揭示讨论的主题，向参与者提出明确、清晰的讨论要求。在活动过程中，组织学生，为各小组提供资料，主要包括讨论或演示用的图片、展示板等。在各小组巡视，就各组的活动情况进行引导，以随时提供必要的指导及帮助。

第四，活动结果的汇报。各组汇报员将活动讨论结果进行口头报告，讲解本组意图与结论；或者进行书面报告，将讨论结果写于大白纸上，然后贴到黑板上向全班展示。小组讨论。各组轮流展示，大组分享，以达成共识。

第五，活动结果的点评。教师和学生对各组的展示做出点评。教师最后总结各小组的活动成果，给予恰当的评价或期待。

第六，小组讨论应该避免的问题。小组讨论避免每个成员讨论内容之间没有逻辑关联；避免组员的发言在低水平上重复，组员无法在思想上得到提升。

这种组织形式始终贯穿着一个指导思想，即以学习者为中心，以活动为主，平等参与，融理念、知识于参与式活动之中，强调学习者的主动参与。充分关注学习者已有的知识经验，根本目的就是发挥学习者的主观能动性。

### （四）角色扮演法

角色扮演法主要是通过身体动作媒介，根据学习的要求和自己的理解扮演现实生活中的某个角色,将该角色的个性特征和在某些事件和关系中的行为方式更为突出地表现出来。英语教学中角色扮演的主要目的是使参与者从不同的角度体验相对真实的语言情境,并产生对英语语言更新、更高层次的认识和体验。

角色扮演能使参与者将在语言学习中获得的知识技能综合运用于一个具体的问题情境。通过参与真实的、可感知的模拟练习,参与者整合和运用新知识和技能的能力以及处理复杂问题的能力均会得到提升。

角色扮演的一般步骤如下:

第一步:教师提出现实生活情境,明确角色扮演的大致要求,参与者可做适当修改。

第二步:参与者快速分组,确定具体扮演的主题和角色,之后进行排练。

第三步:教师对参与者提出观察任务,包括观察的内容、角度、方法等。

第四步:各小组进行角色扮演,其他参与者观察并做记录。

第五步:全体参与者对各个小组的表现进行评议,对有关问题进行讨论。

第六步:教师协助参与者进行总结。将角色扮演中的问题情境与现实结合,同时探究行为的一般规则和问题解决的一般方法。

## 第四节 内容型教学模式

### 一、内容型教学法的基本原则

内容型教学法通过运用目标语教学学科内容,将语言系统与内容结合起来进行教学。这种整合观是基于一种对语言教学的认知:只有同时给予两者相同的重视,而不是将两者分离开来,才能促进两方面同时发展。而运用目标语教学学科内容可以较理想地达到整合这两个方面的目的。其基本原则如下:

(一)教学决策建立在内容上

语言课程的设计者和教材的编写者在设计阶段面临的两个问题就是内容

（包括哪些项目）的选择和排序（如何排列这些项目）。在传统的教学方法中，不少方法如语法翻译法、听说法，它们通常按照语法的难易程度撰写：如一般现在时比其他时态更容易学习，在教材的编写和教学中自然处于优先学习的地位，根据此原则编写的教材及在教学中都把容易学习的内容放在初学阶段。然而，内容型教学法颠覆了传统方法中内容的选择和排序原则，彻底放弃了以语言标准作为教学的出发点，将内容作为统率语言选择和排序的基础。

### （二）整合听说读写技能

以往的教学法常常以分离的、具体的技能课，如语法课、写作课、听说课的形式进行教学。内容型教学方法尝试在整合听说读写四项基本技能的同时，将语法和词汇教学包含于一个统一的教学过程之中。由于语言交流的真实情景，以及语言的交互活动涉及多种技能的协同，派生了这项教学原则。同样，内容型语言教学反对在课堂上主张先听说、后写作的教学顺序。它没有固定的、一成不变的技能教学顺序，相反，它可从任何一种技能出发。可以看出，这一原则是第一个原则的引申，是内容决定、影响教学项目的选择和顺序原则的具体表现。

### （三）教学的每一个阶段都要求学生积极、主动参与

自交际法产生以来，课堂的中心从教师转向学生，"做中学"成为交际语言教学的基本原则之一。任务型教学是交际法发展的分支，它强调学生应在完成任务的过程中进行探索性、发现性的学习。同样，内容型教学也是交际法的分支，重视学生在参与学习的过程中积极主动地学习。主张内容型教学的学者们认为，语言学习应产生于将学生暴露于教师的语言输入中。同时，学习者还可以在与同伴、同学的交往中获得大量的语言信息。因此，在课堂的交互学习、意义协商和信息收集，及意义建构的过程中，学生承担着积极的社会角色。在内容型语言教学中，学习者可以承担多种角色，如接受者、倾听者、计划者、协调者、评价者等。与学习者多重身份一样，教师也扮演着多重角色。他们可以是学生的信息源、任务的组织者、学习活动的引导者、控制者和促进者、学生学习活动的评估者等。

### （四）学习内容的选择与学生的兴趣、生活和学习目标相关

内容型教学法的内容选择最终取决于学生和教学环境。教学内容通常与具体的教学和教育环境中的教学科目平行进行。在高等教育环境中，学生可以选修"毗邻"语言课。"毗邻课"是由两个教师从两个角度教学同一内容，从而达到不同的教学目标的课型。在其他教学环境中，教学内容可以根据学生的职业需要和一般的兴趣特点进行选择。事实上，由于对于哪些内容是学生普遍感兴趣或者直接相关的很难确定，教材的编写者、使用者都很难把握这一条原则。但是，因每个内容单元的教学时间长，教师有大量的时间和机会把课程内容与学生的兴趣以及他们已经具备的知识结合起来。因此，让学生对所选内容感兴趣是内容型教学理论实现的重要基石。

### （五）选择"真实的"教学内容和任务

内容型教学的核心成分是真实性。它既可要求课文内容的真实，又要求任务内容的真实。一首歌谣、一个故事、一段动画都可以作为真实的教学内容。把这些真实的内容放置于英语教学课堂将改变它们原本的目的，从而服务于语言学习。同样，任务的真实性也是内容型教学的目标，任务必须与一定的文本情景结合，反映真实世界的实际状况。

### （六）对语言结构进行直接学习

内容型教学将学生暴露于真实的语言输入中，目的在于让学生获得运用语言进行交际的能力。文本形式、教师的课堂语言的输入、学生之间的结对子活动以及小组活动都是内容型教学的信息源。但内容型教学认为，仅仅通过可理解性输入不是成功的语言学习，对真实文本中出现的语言结构必须采取增强意识的方法进行学习。

## 二、内容型教学法的特点

内容型教学法旨在将学生尽可能地暴露于与他们直接相关或者他们感兴趣的内容之中。实际上，学生学习的学科内容更应该合理地整合于英语教学，以此促进学生的思维和语言能力的整体发展。

首先，内容型英语教学法的主要特点在于对"内容"的强调和运用。"内

容"可以满足语言教学多方面的目的。一方面，它为英语课堂教学提供极其丰富的教学情景，教师可以利用这些内容呈现，解释语言的具体特征；另一方面，实验证明，富有挑战性的"内容"是语言习得成功的基础。无论是"可理解性输入"理论，还是"最近发展区"理论，都强调综合的、富有挑战性的、略高于学习者当前语言水平的内容输入。因此，把内容输入置于特殊的地位是当前内容型教学法普遍实践或实验的趋势。

其次，内容型教学法的内容选择不以教学课时为基本单位。通常一个单元的内容都会超出单个课时。事实上内容型语言教学的教学内容单元往往长达几周课时，甚至更长。

## 三、内容型教学法的教学模式

### （一）主题模式

主题模式通过主题形式来组织教学。这些主题内容主要来自学生学习的其他科目，或者与他们的兴趣和生活密切相关的内容，主题教学是为了实现教学内容、教学方法的突破，解决英语教学中长期难以解决的矛盾。主题教学模式强调学习语言所表达的意义，但并不忽视对于语言形式的学习。学生通过对主题的建构，学习有关社会生活的知识，通过细节环节，学习词、短语、句型和语法知识，从而把意义与形式有机结合起来。

实现教师引导与学生自主学习的统一。教师的职责在于创造学习的语境，并给予正确的引导与示范。教师把以主题为主的认知结构的建构、拓展和深化的任务交给学生，这样就从真正意义上培养了学生的自主性。

实现学生跨文化交际能力的全面发展。在以主题为中心的英语学习中，学生获得了丰富的有关社会、文化和交际方面的知识；在完成围绕主题、话题的交际任务中，学生提高了以听、读、写为基础的跨文化交际能力，培养了自身的素质，发展了个性；在自主性的学习中，学生找到了自我价值，实现了自我的超越。英语教学以主题为线索，按主题—话题—细节的步骤，使学生逐步建立较为完整的反映主观与客观世界及社会交际需求的知识体系。

## （二）附加模式

附加模式是指语言教师和学科内容教师同步教授相同的内容教学，但是他们的教学重点和教学目的不同。语言教师的教学重点在于语言知识，完成语言教学目标，而负责学科内容的教师重点在于学科内容的理解上。例如，一个英语教师和一个心理学教师都以心理学内容进行教学。其中，英语教师将心理学材料作为英语语言课程的内容，其教学目的是提高学生的英语使用能力，而心理学教师的教学目标是完成心理学学科内容的教学。因此，在英语教师的课上，学生的主要任务是通过对富有挑战性的内容的理解和吸收，进而较快地理解难度较大的内容，并在语言教师的指导下快速习得语言。

## 四、内容型教学法的优点

### （一）内容型教学法中丰富的学科内容能促进学生智力的发展

交际法是最重视英语教学中语言形式和内容密切结合的方法。但是，由于交际法没有摆脱教学法由来已久的"内容自由"而选择的传统，仍然以语言的功能或者意念形式选择内容。这样一来，语言本身既充当内容，又是教学的中介，很容易造成课堂内短期的循环现象：教学的中心一段时间在内容上，一段时间在一些具体的语言结构上。但不同的内容要求不同的思维方式，不同的思维方式需要不同的教学内容。也就是说，不同的语言内容会引起学习者不同的认知过程，单一的、以结构为组织原则的教学不能满足学生学习时认知能力发展的需要。因此，多元的、丰富的学科内容成为语言教学的核心，成为发展学生认知能力的一种选择。随着时代的发展，英语教学的目的越来越趋向于使语言教学成为人类发展的重要因素，成为人类思维能力、语言能力发展的条件。沉浸式语言教学的研究表明，在第二语言的学习中，学习者普遍认知技能的发展和将学习者暴露于母语中同等重要，获得语言能力（语音、词汇、语法、语义、功能意义）和认知过程（理解、分析、应用、综合、评价）之间存在密不可分的关系。问题的关键是，不同的思考方式要求不同类型的语言内容。因此，通过激发学习者对丰富内容的兴趣，在发展思维的同时促进语言能力的发展。

## （二）提高学生的高级学习策略

学生的学习策略也会在思维的发展中得到提高。例如，学习推导的策略远比找出同源词难度更高。翻译、重复、惯用语的使用等都是学习者在学习语言早期容易掌握的知识。当情景和认知难度都降低或减少时，学生对语言意义的理解和成功解释信息的能力只能依靠语言本身的知识，如通过分析句法结构、寻找同源词等。情景丰富的语言学习环境能为学生提供大量语言的、元语言的、超语言的材料，它们在学生进行信息加工的过程中意义重大。母语就是在认知难度和语言情景丰富的环境中习得的。然而，当前我们的英语教学与母语学习的条件相反，常常处于认知难度和情景缺乏的环境和状态下。因此，其教学效果不难想象。

## （三）提供大量的支持语言发展的材料

语言的、元语言的、超语言的情景内容可以大大提高对语言的感知力和理解能力，由此促进语言的发展。丰富的内容知识可以培养学生良好的学习策略。低级的策略，如翻译、重复、背诵等不足以满足英语思维能力发展的需要。高级的策略才是语言学习的成功条件。另外，对内容的敏感也会提高语言背景图式知识，以及对语法、词汇等语言系统知识的认识。思维能力在对这些知识进行处理的同时获得提高。英语教学必须以不同的内容满足人类的多种思维能力发展的需要。内容的多样性在满足人类的思维发展的同时也能促进语言的发展。可见，内容型教学法通过发展那些与语言结构相关的思维技能发展语言。因内容与认知方式紧密联系，它要求用一系列具体的概念、观点和语法规则去表达。英语教学法改革从内容入手，一方面可以增加认知难度，促进学生思维能力的发展；另一方面使内容成为发展语言的条件，较大程度地符合英语教学从语言的发展走向人类的发展的总体规律。

# 第三章　高校英语词汇

## 第一节　词汇与听力

语言的功能之一就是交际，而听的技能又是人们语言交际能力的重要组成部分。听的过程就是听者的语言知识和背景知识与输入信息相互作用的心理过程。听者必须记住所听到的语音、语调、词汇和语法结构，将说话内容放入直接的和更大的社会背景中理解。整个过程的协调，要求听者付出一定的脑力劳动。从语言本身来看，学一门语言，若不具备听的能力，那么语言能力就是不完整的，直接影响交流，同时也严重地影响了其他语言技能的发展。

### 一、词汇量对听力能力的影响

词汇量在听力能力中占有重要地位，这是外语界长期以来的共识。一般人总是认为，听得越多，听力能力就越强。毋庸置疑，多听的确是提高听力理解能力的一种积极的手段，但听力水平的高低不完全在于听的次数的多少，也不完全在于听的内容长短、难易程度如何，它是一个人英语知识的全面体现，所有英语知识的基础便是词汇。词汇量在英语学习中起着至关重要的作用，它是一切训练的基础，听力自然也不例外。每一个对话、语段、语篇都由句子组成，而句子的基本单位正是词或词组。在听的过程中，我们能模仿出听到的发音，但如果不掌握一定的词汇量，便无法把与其所代表的符号——词联系起来，就无法得知符号所代表的事物的意义。因此，从理论上说，词汇量的大小决定了听力理解成绩和能力的高低。

## 二、学生听力技能的培养

要改变学生听力词汇量普遍不足的现状,增加学生听力词汇量,在教学中我们应采取以下策略。

### (一)将阅读词汇转化为听力词汇

从学生自身的知识构成来说,阅读和听力两种词汇的关联越小,则两种词汇量的差距越大。记生词不能只靠看或读,而是要与听说结合。要缩小听的词汇量和读的词汇量之间的差距,就要充分利用其相互作用,针对学生已掌握的阅读词汇,增加听词练习,用以培养学生对词汇的瞬间反应能力。

### (二)精听、泛听相结合

精听就是要反复听,把每个词都听准,之后进行听写或概括总结等。遗憾的是,由于课时、设备等条件的限制,精听常常被人们忽略。其实听写的形式也很多样,可以是词汇词组听写、完成句子式听写、填写表格式听写、回答问题式听写、完整的句子听写、复合式听写以及短文听写等,这些方式对短期内增加听力词汇量最为有效。泛听就是大致地听取大意,获取信息点,不一定要全部都听懂,泛听在考试和生活中较常使用。要打下坚实的听力基础,最好是精听与泛听相结合,纵横交错,既有实战操练,又能查缺补漏。

### (三)发挥语音意识的促进作用

世界现存的文字系统基本可归为两大类:表意文字系统和表音文字系统。汉语属于前者,而英语属于后者。针对表音文字系统的特点提出来的语音意识的概念,指的是对单词发音结构的认识:一是单词的整体发音具体包含哪些音素。二是每个音素来自什么字母或字母组合。依据语音意识形成的心理语言技能包括:将整个单词发育逐步分解成音节和音素的能力、把单个音素组合成整体的单词发音的能力以及明确单曲中每个音素与什么字母或字母组合对应的能力。研究表明,语音意识的发展对单词的认知及拼写有帮助作用。语音意识水平高的学生可以记忆更多的单词,可以准确读出陌生单词的发音,这样一来单词的记忆就有章可循了,不再是死记硬背字母序列。

## （四）改变学生的学习观念

课外英语学习无非就是看书，若遇到不懂的词就去查词典，而听却是多此一举，这是一种必须要纠正的错误观念。因为听力没有一定量的积累是不会提升的。听音练习一般分为精听和泛听。因此，有必要要求学生在课外进行一定量的精听与泛听，在练习时如果没有配套的文字材料，遇到听不懂的单词，应根据内容或根据发音规则去推测词形。然后查词典求证，以达到彻底听懂的目的，从而培养学生听音查词典的能力和习惯。

# 三、听力教学中的词汇学习

## （一）听辨单词训练

学习者必须具有一定的词汇语音意识，通过语音意识辨认单词，再加工单词或词组的意义，然后将词义联系起来加工形成命题，这些过程分别包含语音、意义、搭配、句法等词汇深度知识的运用。

听辨训练可以采取自下而上的顺序进行训练，可以先从单音开始，然后到词语，再到句子，最终到语篇。教师也可以采取自上而下的顺序进行教学，让学生先听一个语篇，头脑中有一个大概的事件框架，再听句子，确定明确的词语语境，然后再听辨句子中的单词。教师还可以采取自下而上与自上而下相结合的方式，将词语、句子及语篇结合起来练习。

## （二）猜词游戏

### 1. 谜语游戏

教师可采取让学生猜词的谜语游戏。谜语游戏可在某一课或某一单元结束后、词汇总复习时进行，这样游戏涉及的词汇范围非常明确，学习者有所准备，避免了盲目性。教师在设计谜语游戏时，其谜面及谜底所涉及的词汇、语法不应该超出学生的认知范围，应该由若干个学生掌握了的短句组成。

谜语游戏有以下优点：第一，谜语游戏有目的、有任务，要求学习者在较短时间内根据教师提供的信息进行判断和选择，可以加快学习者从大脑中提取词汇的速度。第二，谜语游戏的题面本身就是一个听力练习材料，学习者只有听懂题面，才能猜对答案。答案只有一个，谜面却帮助学习者复习巩固了相关的若干词、短语、语法。第三，谜语游戏趣味性强，富有挑战性。猜词过程既是对大脑中相关词语的提取过程，也是对该词的一次深加工过程，对于词汇的巩固和记忆大有好处。在进行谜语游戏活动时，教师可将学生分为小组进行抢答，也可展开个人抢答。

### 2. 在句子中猜测

教师可以给学生说3～4个句子，这几个句子都含有目标词，让学生根据所给的句子及其语境来猜测词语的含义。选择例子多一些可以给学生提供更大的猜对单词意思的可能性。

## （三）听写练习

学生阅读能力较强，但听力较弱，需要把阅读词汇量转化为听力词汇量，教师可以做听写练习。听写对于词汇学习具有很大的促进作用。听写有利于巩固已学过的词汇。听写包含听和写两个过程。要写出听到的东西，需要一定的词汇和语法知识及听辨词的能力，而在写的过程中又巩固了所学的语法和词汇知识。听写把词汇和语法知识都包含在里面了。听写练习对提高听力理解与词汇能力有很大的促进作用。听写可以听写单词、短语、句子、短文和小文章，教师可以循序渐进，由简单到复杂来进行。

## （四）填空练习

教师可以在进行听力活动时，设计一些填空练习。教师可将听力文本材料的一部分挖掉，让学生根据听到的内容进行补全。填空练习可以让学生把对单词的学习由读改为写，这对词汇的学习和巩固有很大的帮助。教师在编写填空练习时要注意空格的设置。教师的填空练习可长可短，设置需要填写的词汇应是学生需要掌握的高频词、词组、句型，也可以有刚学完的教师需要学生关注的重点词或较难的词。学生在把这些词、词组填在空格里时，注意力需要放在这些词、词组上，有利于词汇习得。

## （五）听说结合

### 1. 听前讨论

在进行听力练习之前，教师把部分生词给学生进行解释，然后可以给学生几个问题让学生讨论，这几个问题要与听力主题内容相关。这些问题包含刚学的词，让学生引起注意，也可以是新词。讨论之后，学生不但运用了新词，也熟悉了要听材料的相关内容。这样，学生在听的过程中，既能听懂材料，又能把新学的词复习一遍。

2. **听的过程中提问题**

在听力过程中，让学生边听边做选择题的听力效果一般不是很好，而在听的过程中，教师给予一定中断，向学生提问题的方式效果会很好。教师可以就已经听过的内容提问题，让学生总结、组织一下材料，加深理解；教师也可以就即将听的内容提问题，让学生关注即将听的内容，逐步引导学生理解全篇。

3. **听后讨论**

听力结束后，教师可以就听力材料中的某些问题让学生讨论。在讨论中，学生可能会用目标词来进行回答，从而获得词汇附带习得。

4. **复述所听到材料**

人们通过听与口头输出结合活动获得的词汇一半可以保持到一周后，而通过听与书面输出结合活动获得的词汇三分之一可以保持到一周后。可见听力课加入输出环节可以提高学生词汇习得，而口头输出比书面输出对促进词汇习得效果要好。

学生听完听力材料后，教师可以给出一些关键词及词组，学生根据关键词及词组进行复述。复述任务迫使学生注意词义并进行词形词义间的联系，思考目标词用在什么句子结构中以及用来表达什么思想。通过小组活动进行效果会比较好，这是因为学生口头复述不仅交流了听力材料的内容，还有机会接触未听到的词汇，并得到陌生词汇的额外信息，从而提高对单词的认知程度。

## 第二节 词汇与口语

### 一、词汇对口语能力的影响

人们用语言进行交际，无非用口语和书面语两种形式，两者相比，无论从语言的发展还是学习语言的自然规律来看，应是口语居先。口头表达的过程是人们运用各种背景知识和口语技能表达信息的过程，英语口语教学中的词汇教学是以促进学生英语的交际能力为根本目的的。口语教学中的词汇教学不是孤立进行的，而是与语音、语法、语用等教学相联系的。我们应把词汇教学的重点放在帮助学生科学地记忆和灵活地使用词汇上，使他们能通过对词汇的掌握和运用提高英语语言交际的能力。可以说，以词汇为中心进行的语言交际能力教学不但是可行的，而且是必要的。

没有一定的词汇基础，口语就无从谈起。词汇是口语技能的奠基石，即使一个人能很好地理解英语语法，如果没有大量的词汇，还是不能说英语；另一方面，如果一个人拥有大量词汇，口语词汇量较少，不熟悉外国人的生活习惯、文化特色、兴趣爱好的话，跨文化交际也是很难实现的。

一般来说，一个人的听力水平和口语能力密不可分。听力水平高的人可以很好地理解讲话人的意图，能够听出一些习惯用法的表达；口语表达比较好的人一般听力也比较好，因为口语表达是在一种交流的环境中进行的，要让他人理解自己的意思必须首先了解他人的表达习惯和方法，而这正是听力能力的范围。所以，口语和听力不可分割，而听力又扮演了基础能力的角色。

众所周知，任何一种语言都是先有声音，后有文字，"听""说"的结合能使词句的音形义在记忆中迅速结合起来。"说"的能力是在"听"的基础上培养起来的。因此，要想学好英语，一定要大胆开口，开口读、开口说，所谓"曲不离口"就是这个道理。

## 二、词汇与口语交际

### （一）口语词汇量不足会导致口语交际失败

学生若能看懂英语小说，说明他的阅读词汇量不错，但是发现说不出来，或者说的时候只能讲些很简单的意思，或想表达复杂的意思却发现那些词汇想不起来，别人一讲又会觉得自己是知道的。这就是因为口语词汇量太少，造成口语表达能力的欠缺。

### （二）词汇对交际能力的影响

语言能力是形成交际能力的基础，若没有一定的语言能力就谈不上交际能力。在语言知识（包括语音、语法、词汇等）中，对交际效果以及交际成败的影响力最大的无疑是词汇。词汇教学的多侧面对语言交际能力的影响主要有以下几点：

**1. 语音侧面**

汉语属于汉藏语系，而英语属于印欧语系，两种语言在音系上的差别决定了其不同的发音习惯。具体说来，这两种语言在音系上的差异主要体现在：

第一，英语中的一些音位或音系特征，在汉语语音中是不存在的，这就造成了中国学生在发音上的困难。

第二，英汉两种语言中有些音位或音系特征有类似之处又不尽相同，造成学生发音不够正确自然。此类错误也属母语干扰的缘故。

第三，英语音系中本身存在一些类似的音位，也给学生带来困难。

以上说明了两个问题：一是词汇语音侧面的错误同样能导致语言交际的失误。二是教师应该具备一定的音系理论知识，了解学生所犯错误的根源，无论是讲解还是纠错，都要重视词汇的语音。

**2. 语义侧面**

很多人认为每个英语单词都有一个对应的汉语释义，然而，事实并非如此。这是因为不是每个单词都能找到一个唯一与之相对应的汉语词汇。英语词汇意义包括概念意义和关联意义，其中概念意义是最为基本的，关联意义则包括内涵意义、文体意义、感情意义和搭配意义等方面。学生往往认为词的概念意义不难掌握,但在实际交际过程中,所犯的不少错误多是因为没有掌握词的概念意义,生搬硬套汉语而产生的。

**3. 语法侧面**

学习词汇,不能只会读,更重要的是掌握词汇在交际中的具体运用。因此,词汇也有其语法的侧面,而词汇的语法或句法意义也是词汇意义的一部分。在教学中,我们常发现学生由于英汉语言形态上的差别而导致他们在名词复数形式、过去时等方面的误用。

**4. 语用侧面**

近年来,语言研究及教学都越来越重视语用,语用研究的核心是语言和语境的关系。选用交际语言不能不考虑语境这一因素。对语用的一种狭义的理解是指语言在语言交际中的得体性。这种得体性的衡量要看所用的语言是否适合该语言所属的文化,以及是否适合该语言所使用的场合。

总之,不注重口语词汇的积累,不充分了解外国文化,不熟悉外国人的生活习惯、文化特色、兴趣爱好等造成跨文化交际中的冲突;没能掌握词汇的地道用法,导致不能灵活应用;教师教学水平不高;学生焦虑、紧张的心理,根本不会灵活地使用自己已经掌握的词汇等,这些因素都能使学生口语交际失败。

## 三、词汇与口语技能培养

为培养学生的口语技能,教师必须在教学中首先采取适当的策略,坚持以词汇为中心,提高课堂口语教学质量。教师在上课时要结合课文教授必须掌握的基本词汇,做到词频有别,难易有别,重点突出。不仅要讲清词的常用释义,还要进行同义词、近义词、反义词的区别比较,适当地介绍构词知识,通过板书、口头表达、多媒体等手段,学生能够掌握词汇。在提高课堂口语教学质量的基础上,采取以下策略培养学生的口语技能。

### (一)扩大词汇量,提高口语表达层次

在某种程度上,词汇量的多少就决定了英语表达的层次深浅。词汇是练习口语的前提,对于学生而言,学英语是按先看(阅读)后听说的顺序学习

词汇的，因为根本没见过的单词往往在口语表达中是不会用的。因此，练习口语的同时一定不要忘了让学生多阅读，扩大词汇量。在词汇学习中，学生要重视诸如词汇定义、派生词、单词拼写、词汇短语、固定搭配等方面的学习，加深对语域、语体的了解，提高根据语境选词的能力，尽量避免在口语交流中因词汇选择不当而导致的错误和误解。学生对词汇短语的掌握程度直接影响其英语水平。为提高学生的口语交际能力，使他们能够说出更准确、更地道的语言，提高学生的词汇意识和词汇运用能力应该是教师在培养学生英语口语能力时不断努力的方向。

## （二）通过情景语境教学，培养把握词汇内涵及口语表达的能力

口语交际中很大的一个特色就是情景语境的形成。情景语境影响对词语意义的理解，情景语境的差异必然导致词汇特定内涵的不同。词汇教学必须和一定的情景语境结合起来，充分考虑影响词义的各种情景因素。

首先要让学生了解情景语境的内涵。言语行为总是发生在一定的情景中的，情景语境就是指言语行为发生的实际情景。具体说来包括：①言语活动的风格，包括参与者的年龄性格、身份职业、修养处境、人格观念、社会地位、思想倾向等，以及其间的相互关系等；②言语活动的时间和地点；③言语活动的正式程度，如语体差异、情感差异等；④言语活动的范围和主题，涉及政治、经济、科技、文艺、日常生活等领域。在词汇教学中，情景语境对词义的暗示作用是相当大的，要准确把握词的内涵必须结合一定的语言情景。一般来说，具体的语境常常能够对词语的义项起到限定作用，比如把多义词的其他含义排除掉，只显示其中一项。

其次，让学生能够对情景语境进行正确的运用。影响学生词汇学习进展和效果的两个情景语境是不容忽视的：一个是语体情景，指语言使用场合的正式程度以及说话双方之间的关系。英语中有的词可以应用于各种场合，有的词只适用于特定的场合，比如有的词只能用于庄重严肃的场合，有的词则限于通俗的口语中。另一个是情感情景，指在语言交际中，一定场合下的情感倾向。词的情感意义是通过词的褒贬意义来体现的，有褒义、贬义和中性之分。

另外，在具体交流过程中还应强调语调和声调在情感上的表达。在听力

材料中有些题目常常需要听者"根据语调和声调揣摩说话者的态度和话语意义",可见理解情感意义有时也必须考虑语音语境。

## 第三节　词汇与阅读

### 一、词汇量、词汇知识与阅读

对大多数学生而言,在英语学习中必须掌握听、说、读、写四项语言技能。权衡和比较它们之间的关系和重要性,阅读无疑是最重要的技能。因此,高校英语教学大纲把培养学生较强的阅读能力作为首要的教学目标。同时,阅读也是英语教学的主要手段,是学生获得英语语言知识和训练基本技能的主要途径。培养阅读技巧和提高理解准确率及阅读速度只有通过阅读才能实现。学习英语的人都十分清楚,词汇量和阅读的关系非常密切,词汇量越大,越有助于理解阅读,因此扩大词汇量是提高阅读能力水平的重要因素。但在扩大词汇量的同时,还需加深对词汇知识的学习和理解。在英语学习中不断增加单词数量相对容易,然而要加强词汇知识的学习就有一定难度了。从大量的教学研究和实践中可以看出,词汇知识和阅读的关系要比词汇量与阅读的关系密切。这进一步说明在词汇知识的学习过程中,增加词汇量只是一个方面,而词汇深度的学习要求的范围更广,涉及的心理活动也更复杂,对于阅读的重要性就显而易见。因此,每一位英语学习者,在学习词汇的同时,一方面要注意扩大自己的词汇量,特别是英语中的高频词,这一点尤其重要;另一方面要注意加深对词汇深度知识的了解,从词的同义、反义、搭配、联想、修辞等不同的角度进一步强化对词的认知。

词汇知识的获得大多来自阅读实践,而语言学习中伴随着大量的阅读练习,因此增强学生的阅读理解能力就成为英语教学的主要任务之一。大量实践证明,学生的阅读理解能力决定他们的英语整体水平,词汇量影响阅读能力。帮助学生解决阅读中的困难,提高阅读理解的正确率,必须注重词汇教学。

许多学者和英语教师通过研究和教学实践指出,通过阅读来进行词汇教学,其目的是让学生通过语境所提供的信息,对出现在该语境中的生词进行推测,从而习得这个词。

## 二、词汇与阅读技能的培养

### (一)注重阅读与分析相结合,提高学生通过上下文推测新词意义的能力

许多英语教师习惯遵循传统的教学程序,先学生词,后读课文,即在掌握了生词后再学课文。按照这样的顺序,学生阅读课文时遇到的困难少了,然而动脑的机会也随之减少了,这样不利于词汇分析能力的培养。因此,可以反其道而行之,让学生从阅读开始,指导学生如何根据上下文猜测新词的意义,这样做对学生来说更有挑战性,使得他们必须积极开动脑筋。教师的职责不是给学生提供答案,而是教给学生分析词义的方法,是解决问题的指导者。

### (二)通过理解词与词之间的关系,提高学生快速阅读的能力

阅读速度与阅读材料中字母或单词的数量并没有太大的关系,而真正影响阅读速度的是词与词之间的逻辑关系。因此,要指导学生认真把握词与词之间的关系,阅读时,要以短语、句子甚至段落为单位去把握,而不是以词为单位。坚持长期训练,可以提高阅读速度。

### (三)加强课外阅读,强化学生的词汇能力

课外阅读不仅能够让学生增长知识,同时也是丰富词汇量和强化词汇能力的最佳途径之一。教师可以给学生规定一定的课后阅读量,在布置阅读任务时须注意控制材料的难易程度,科学的做法是使语言输入略高于学习者当前的语言能力,既不太易也不太难。在一般情况下,5%以内的生词率基本上可以让学生的第一语言知识、经验和阅读策略等因素发挥作用。通过阅读,学生能把课堂上学到的策略和技巧运用到课后的自学实践,并使用科学的记忆方法进行词汇积累与巩固,从而提高自己的词汇能力。

## （四）提高学生在阅读中利用语境的能力

教学语境化和测试语境化已经成为词汇教学领域的新趋势。英语教师应适时恰当地对学生做出正确的引导，使他们运用语境推测词义，通过语境来培养学生的阅读技能，我们应采用以下策略：

### 1. 引导学生借助语境推测词汇的概念意义

概念意义是词典中给出词汇的基本意义，我们认识一个生词首先要知道它的概念意义。但是在词汇教学中，如果每次都是由教师给出词的意义进行讲解，未免千篇一律。利用语境学习词汇这种技能，只能通过练习才能获得。当我们直截了当地告诉学生生僻字词的意思时，无异于又一次剥夺了学生练习这种技能的权利。因此，教师应当引导学生通过上下文线索在已掌握词汇的基础上猜测目标词义，使学生掌握思维模式和技巧，从而不断积累新词汇。

### 2. 利用语境帮助学生领会词汇的内涵意义

词汇的内涵意义，通常受经验、文化、地域等因素的影响。学习英语词汇一个很大的难点就是大量近义词的辨析，而辨析的载体是具体语境。要通过语境领会词汇内涵意义的差别，从而达到用词准确恰当的目的。

### 3. 在语境中帮助学生理解词汇的语用意义

词的语用意义是指语言运用者在一定的语用目的的支配下，在语言运用中，以语境为参照而赋予一个词的临时意义。由此可见，准确判断词汇的语用意义离不开语境，并以之为参照。词汇的语用意义还应包括其临时意义和修辞意义。

（1）语境使词汇获得临时意义

具体的语境可以赋予词语一种特殊的临时意义。例如：The wish is father to the thought。这里 father 原义虽为"父亲"或"前辈"，但通过上下文语境可以得知本句中 father 并非这一含义，通过逻辑关系可猜得 father 在这里变化产生"源泉、根源"的临时意义。所以整句话的意思是说，"愿望是思想产生的源泉"。

（2）语境使词汇获得修辞意义

人们为了更生动、准确地表达自己的思想，常常会使用修辞手法，而具体语境则可使词语获得修辞意义。

## （五）培养学生根据具体语境消除歧义的能力

英语词汇中多义词和同形同音异义词随处可见、数不胜数，如果没有充分的语境作为前提，理解起来常会出现歧义。同样，当学生遇到生词查阅词典时，也要以该词所在的具体语境为依据，从众多解释中选择合适的词条，比如，I heard the girl crying. 这个句子，如果没有上下文，读者则无法判断这个女孩到底是在哭还是在叫。下面再以相对较复杂的多义词 sound 为例：

The survey reported that all the walls were completely sound.

据房产调查报告，所有的墙壁都完好无损。（完好的）

They are physically handicapped, but mentally sound.

他们虽然身体残疾，但心智健全。（健全的）

That's sound advice, you should take it.

那是非常明智的忠告，你应当接受。（明智的、合理的、正确的）

当然 sound 的词义远非这些所能概括，这里只是略举几个例子来说明词义的确定需要依据具体的语境。

总之，在英语教学中，教师应启发和引导学生记忆词汇，培养他们学习词汇的兴趣，总结记忆规律，改进记忆方法，将词汇与语境密切结合，真正做到词汇从阅读中来，又能准确地运用到阅读中去，实现词汇学习在英语语言学习中的真正意义，让学生真正达到语言学习的"获取信息，进行交际"的目的。

## 三、影响阅读中词汇学习的因素

影响阅读中词汇学习的因素比较多，例如阅读材料中的趣味性、文章话题的熟悉性、阅读目的、学习者词汇量的大小、词汇在阅读材料中的出现频率、阅读后要完成的不同任务、学习者的猜词能力等。英语教师了解这些因素才能科学地为学生选择合适的阅读材料。

# 第四节　词汇与写作

## 一、词汇量与写作

语言学习者的词汇量影响写作水平。衡量词汇丰富程度的标准，包括词汇独特性、词汇密集度、词汇复杂程度、词汇变化性，同时他们提出了一种新方法，即词汇频度图表，用以显示英语学习者在写作中使用不同频度词汇的百分比。只要对文体加以控制，这种新方法能够非常有效地衡量写作中的词汇量。他们还认为，常用词汇（最常用的 1000 个词）包括了几乎所有的功能词和基本实词，而这些是一篇文章所必备的，文章真正的词汇水平应取决于其他更高级别的词。

## 二、写作中的常见词汇问题

### （一）用词过于简单

人们知道了很多零部件，还需要熟练掌握如何组装这些零部件，有些学生还缺少组装和使用这些零部件的技能和方法。

### （二）词语搭配不当

就中国学生而言，教科书中学到的大多是特别固定的词组和表达方式，对于一些搭配关系则一般不予关注或很少关注。学生的词语搭配错误原因是多方面的。

首先，一个不容回避的问题是传统的语法教学没有将重点转移到以词汇学习为中心的教学中来。教学过程中，老师往往一味地讲解句子结构和成分，很少进行单词讲解，忽略了单词的常用的搭配关系。在词典中，通常只能查到某个词的词义、词性和典型用法，而无法弄清楚与之相搭配的词语。因此，学生往往机械地把汉语的搭配搬到英语中去。

其次，汉语语言的负迁移无疑也影响了学生的词汇学习。众所周知，由于汉语语言具有高度的概括性和极强的词汇黏合能力，学生很自然地忽视英语中的搭配。然而，由于民族、文化、风俗、地理等方面的差异，语言间的搭配组合往往各不相同。

汉英词汇之间的非对等性是学生学习过程中的重点与难点。只是背单词而不去理解词汇的内涵和正确搭配，势必会造成英语词汇一对一意识，继而走入英语学习的死胡同。因此，我们必须建立词汇搭配记忆的概念，寻找搭配的分类、特点、内涵和规律，以达到掌握和活用词汇的目的。另外，学生没有充分关注词汇的搭配关系也是造成搭配错误的原因之一。即便阅读材料经常出现的搭配，他们仍会出错。对于词汇搭配错误，教师除了引导学生多加注意之外，还应鼓励他们阅读大量原文材料以培养语感，同时养成查阅英语词典的好习惯。

### （三）近形近义词混淆

如把 adopt 和 adapt，sweet 和 sweat 混为一谈等，诸如此类的情况很多。针对这种情况，教学中要特别对学生给予指导，做针对性的辨析对比，经过对比和分析找出其间意义的差别。另外，还有一些英语单词，由于汉语释义相同或接近，学生又没有查阅英语词典的习惯，也容易产生用法错误。如把"他个子高"（He is tall）翻译为"He is high"。至于 besides 和 except 的区别只要看一看英语解释（分别表示 as well as，in addition to 和 not including，but not）就很容易区分清楚，而不必在是否"除外"上纠缠不清。

### （四）英语词汇"度"的把握

在任何语言系统中，词汇意义都有一个度的概念。表示频率时有副词 usually、often、always、never seldom、hardly 等，它们分别表示不同的发生频率。其他词性中同样有这样的区别，如表示"重要的"的形容词，important、crucial、vital；表示"笑"的动词，smile、grin、laugh；表示"风"的名词，breeze、draft、wind、gale 等。

困扰学生的另外一个问题是英语中的绝对词，如：excellent、perfect、complete、demolish、destroy、return 等。这些词表示的质或量本身已无可复加，只存在"是"与"不是"，而没有"是多少"的问题。若生硬地按照汉语习惯用形容词或副词加以修饰，不仅不符合表达习惯，也有冗余之嫌。例如"The village was completely destroyed."句中的 destroy 一词本身就包含"完全摧毁，使之无法复原"之意，故此句中的 completely 就多余了。

### （五）用词的准确性和得体性

词汇的语义应该是以其概念意义为圆心散发出去的一个球体，但由于缺乏必要的语言环境，以及死记硬背、背完不用等不科学的学习方法，可能会导致学生对它的掌握缩至半球，甚至更少，其主要原因就是学生对词汇不能够准确地加以运用。目前有一部分学生对语言学习存在错误认识，个别学生不认可甚至反对通过阅读自然习得词汇。当然，由于客观题目的存在，考试总是有一定的规律可循。

## 三、写作中常见词汇问题的解决途径

### （一）扩大词汇量

学生缺少足够的词汇量，在写作中没有丰富的表达词语，由此无法将他们的思想和情感以书面形式很好地描述或表达出来，因而只好放弃许多有一定内容和深度的想法，转而用重复的手段表达简单的思想。英语表达的词汇水平对英语写作能力起着至关重要的作用。因此，提高英语写作水平的首要任务是扩大学生的词汇量。

### （二）避免汉语思维的影响

学生应努力在学习英语的过程中有意识地与汉语进行对比，从外国文化、思维方式、思想和情感的表达方式的不同进行对比，努力接近英语的表达习惯，克服母语中的一些惯用方式，逐步养成地道的书面语表达习惯。

### （三）增强理解和构建语篇能力

受传统教学方法的影响，国内英语教学有时以讲解语法和背诵词汇为重点，课堂教学的大部分活动目的是掌握好语法，尽可能多地学习和记忆词汇和句型，而这种教学往往使学习者不能将语言知识有效地转化为在各种交际场合中运用语言的能力。写作中表现为无法用英语流畅地表达思想，其结果是作文写得不像语篇，尽管段落中没有多少语法错误，但单词的简单重复和语言知识的堆砌，使要表达的意思不能完全描述清楚，从而使文章整体质量不高。

为了提高英语写作水平，增强理解和构建语篇的能力，必须加强对学生的语篇教学和写作训练。语篇教学是指将一语篇作为一个整体来分析、理解和评价，不仅要讲解和分析语言的结构形式，而且还要强调语言的功能和社会文化背景知识，使它能适应学习者在增强语言应用能力过程中的要求。语篇教学模式以"真实"的语篇为基础。由于中国大多数英语学习者缺少学习英语的真实环境和条件，不可能像习得母语那样学习英语，只能通过分析语篇来了解语言对象的思维方式和表达习惯。因此，在英语的写作课教学中，在对语篇进行分析时，要对语篇的形式和内容进行三个层次的分析。

1. 语篇层次

在语篇层次的教学上，老师应教学生分析作者是怎样谋篇布局的。例如，如何选择表达整篇文章中心思想的主题段落的位置，各段落的大意以及相互之间的语篇关系，作者的意图和情感的表达，写作技巧的运用等；同时还包括对文章的文化、历史及社会背景知识的介绍。通过这个层次的教学使学生对文章的语篇结构、中心思想和各段之间的衔接和关系有较好的了解。

2. 句子层次

在语篇教学的基础上，老师应进一步对句子之间的关系和作用进行分析和对比，辨别各个句子之间是如何相互衔接构成段落的，每个段落本身又是如何构建的。

3. 词汇层次

在完成语篇和句子两个层次的教学后，接下来词汇层次要重点分析段落中的一些关键词和重点词语，讨论这些词汇、短语在具体上下文中的含义和所起的作用。除了必须解释它们的概念意义以外，还必须有意识地对词汇的联想意义和情感及文化内涵特点加以解释，帮助学生提高理解和感悟整个语篇的意识和能力。

词汇是英语学习中重要的一个环节，也是学习英语的困难之一。随着学习任务和难度的加大，学生已经感到扩大词汇量的紧迫性，也感到在不同的语言环境中正确使用词汇的必要性。因此，英语教师必须善于引导学生在语境中学习词汇，在扩大词汇量的同时训练学生感悟地道的英语语篇，从而逐步提高学生的英语写作水平和质量。

## 四、写作技能的培养

### （一）展开词汇联想，打开写作思路

任何一本教材都不可能把与之相关联的所有词和短语一个不漏地包含进去，而学生在学习词汇时，也没有时间和精力去查阅资料并把相关信息全部加以学习记忆。所以，教师在词汇教学中应该注意词汇的扩展，展开联想，挖掘更多的相关词汇，特别是学生感兴趣的或对其来说实用的话题，配以例句适当扩展，以拓宽写作的思路。如：在教授学生用英语写个人简历时，除了姓名、年龄、出生日期等一些学生熟悉的表达，不妨再列出一些填表格时常见到的条目，如 present/current address（目前地址）、permanent address（永久地址）、blood type（血型）、short sighted（近视）、far-sighted（远视）、color-blind（色盲）等。这样，日积月累，就会逐渐扩大学生的词汇量，使其在日后进行英语写作时不会感到无话可说，没内容可写。

### （二）提高词汇重现率，增加表达词汇量

词汇是语言学习的基础，在词汇学习的过程中要把词汇深深地记忆在脑海里，需要的就是重复。其过程表现为从机械地模仿到创造性地使用词汇。

在词汇学习的初始阶段，学习者通过接触大量的语言材料，会把反复出现在不同材料中的词汇及其词组短语作为语言单位储存在心理词典中，并用于类似的语言环境中。而增加直接学习就是增加学习者在短期内再次接触同一个词的机会，即在不同的语境中接触同一词的机会，提高词汇的重现率，这样有助于进一步提高学习者的词汇输出能力，这可以说是学习者词汇学习的机械模仿阶段。

随着学习者英语水平的提高，学习者会发现一些固定形式的词汇短语可以替换使用，于是就开始不自觉地穿插使用其他类似表达。这就促使学习者去思考、分析遇到的词汇，进行理性的词汇学习以达到能够灵活使用它们的

效果。同时，学习者会用同样的方法去学习、模仿、分解其他的表达式，学会更多的固定短语，从模仿到创造性地使用。当发现有些词汇短语不能分解替换使用时，他们就会把其作为固定的语块来学习记忆并储存在大脑中。比如：习惯了 watch TV，忽然间发现 watch a film 就不对，学习者便会有意识地把 see a film 储存在头脑中。在这一阶段，学习者通过实践会对词汇组合形成更深刻的认识。所以，词汇的学习不是简单地死记硬背英语单词，而是要在词汇短语之间建立起联系，并将其作为预制的语块储存在心理词典中，在写作时能够直接提取并加以运用。

（三）注重词汇的语体差异，提高准确表达词汇的能力

学习者在词汇学习过程中会发现，当要表达某个汉语意思时，不知道如何使用或者选择与之相等的词，这是因为没有掌握词汇在语体上的差异。词汇在使用上有正式的、非正式的、口语的、俚语的等语体。比如："马"一词可以用 horse、steed、charger、nag 和 plug 来表示。horse 属于语言中的共核部分，适用于一切场合；steed 和 charger 用于小说和诗歌；而 nag 和 plug 用于口语。

在英语写作中，学生遇到的这方面的困难尤其突出。为使学习者准确、恰当、得体地使用词汇，在词汇教学时，教师不但要提醒学生注意区别词汇的语体差异及语用功能，还应引导学生了解词的使用范围和使用场合，使学生能在写作时准确、恰当地选择所需词汇，提高词汇运用能力。

（四）加强词汇短语教学，提高语言输出质量

语言输出能力包括两个方面，语言的处理能力和语言的生成能力。语句的生成是一个复杂的心理过程，个体语言者可以非常流利地说出或写出含有多个单词的话语，是利用了储存在长时记忆中的丰富的语言资源，来弥补相对不足的语言处理能力。词汇短语是集形式和意义于一身的语言单位，大量存在于语言中。不管是在口头交际还是在书面材料中，词汇短语都有较高的重现率。但是，把英语作为外语来学习的学习者，只有通过自己的观察，理解词汇短语的意义及使用条件，并把词汇短语作为构成篇章和语句的预制的语块来记忆并储存于大脑中，这样在语言输出时，才会使用重复率较高的、自己熟悉的词汇短语，而不需要苦心搜索所需的词汇。在遇到相关语境时就

会比较轻松自然且准确地使用，提高语言输出的质量。

### （五）注意过渡词汇教学，优化篇章结构

学生在英语写作中，只能写出漂亮的单句是不行的，因为句子是一个语法单位，并不是理想的语言单位。鉴于其社会交际的基本功能，语言的理想单位无疑是语篇。语篇是个完整的意义单位，它与句子的关系不是大小关系，而是实现关系，即语篇是依靠句子来实现的。英语中的过渡词对文章的整体性起着至关重要的作用，有了过渡词的维系，组成篇章的句子才不会有堆砌感，才能组成有逻辑、有思想、结构完整、思路清晰的篇章。

### （六）在词汇教学和学习中应尽量减少对母语的依赖

教师应坚持"尽量使用英语，适当利用母语"的原则，同时还要求学生使用英汉双解词典并鼓励其逐步过渡到使用英英词典，这将有利于学生准确掌握词汇的内涵和外延。因为用一种语言解释另一种语言时，我们不一定能时时做到对应和完全准确。用英语解释词义既可以让学生准确掌握词义，还可以帮助学生克服只有先将英语单词译成汉语才能理解的心理习惯，使其逐步过渡到用英语思维，减少母语对英语表达的影响。

### （七）注意培养学生在英语学习中积极思考、勤于动笔、学用结合的好习惯

由于英语课堂教学课时有限，学生在课堂上词汇输出，即主动运用词汇表达自我的机会不多。此外，考试题中需要学生词汇输出的仅有作文一题（一般占总分的15%），衡量学生的词汇表达能力的题型相对较少，分量略显不足。受题型的影响，学生认为只要能读懂、听懂就可以了，没有必要花精力在词汇上，结果写作中出现词不达意、啰唆冗赘、表达含糊等词汇表达能力低的现象。因此，教师要加强学生动笔意识，帮助他们克服怕动笔、怕出错的思想，让他们意识到只有通过不断使用语言，才能巩固输入的英语词汇知识，才能提高自己"输入—吸收—输出"的综合认知水平，从而在发现及纠正语言错误的过程中不断提高自己的语言表达能力。

英语写作不仅是一个复杂的智力、心理、社会和技术过程，同时也是一个跨文化的交际过程，英语词汇的应用过程。提高英语写作水平，首先要从

词汇教学抓起，克服词汇学习的不足之处，为写作教学扫清障碍。为确保学生对词汇知识有系统全面的了解，在增加学生词汇量广度的同时，也要注意词汇的文化意义与语用意义等深度知识的传授，使学生在写作时既有词可用，也知道该怎样用。

与此同时，词汇运用只是写作的一个方面，相关写作的其他技巧和能力训练同样不容忽视，一篇好文章除了用词之外还要符合布局合理、表达清楚、文字通顺、连贯性好等多重标准。

## 第五节 词汇与翻译

### 一、词汇衔接对翻译的影响

翻译主要分为理解和表达两个阶段。在理解阶段，遇到含义难以把握的词语时，译者通过分析与之相衔接的词项，可推断该词的确切含义。在表达阶段，译者通过重构原文的词汇衔接，即可再现原文的修辞效果。因此，翻译不仅仅是词汇的转换，更重要的是将原语言的文化内涵传递出来。

（一）词汇衔接

词汇衔接指篇章中的词汇之间存在着的语义联系。功能语言学家韩礼德和哈桑将英语语篇的词汇衔接关系分为两大类：复现关系和同现关系。复现关系包括原词复现、同义词或近义词复现、上下义词复现、概括词或其他形式复现等。同现关系是指词汇在某一语篇中共同出现的语言现象，在一定语境中意义上有联系的词会出现在同一语义场，语篇中各句子通过这些"关系"词汇互相联系起来，导致对一个句义的解读必须依赖其他句子，从而构成衔接。

（二）词汇衔接与翻译

衔接手段的运用是为了实现语篇语义的连贯，通过对英汉衔接手段的比较，便可进一步了解两种语言的成篇方式和衔接特点，从而在翻译中根据英汉语言的形式要求，自然贴切地转换衔接手段，为译语读者提供衔接合理、语义连贯的译文。而词汇衔接是构建语篇必不可少的重要手段之一，也是语篇的重要特征之一。因此，译者必须对译语和译入语的词汇衔接手段有深刻的了解，尤其是对译语的衔接手段要有透彻了解并熟练运用，综合考虑、运用符合译入语的词汇衔接方式，使译文衔接自然、紧凑，从而使语篇连贯。

### （三）词汇衔接与翻译实践

正确认识语篇的词汇衔接手段，对翻译实践无疑具有非常重要的意义。翻译是一种语言的篇章材料和与其对等的另一种语言的篇章材料的替换。译者要在翻译中做到篇章等值，就必须在译语与语篇中努力再现原语语篇的"语篇组织"。语篇组织的一个重要内容就是词汇的衔接手段。在翻译过程中，译者通过辨析原语语篇中词汇的衔接方式，能够正确了解原语语篇的深层含义，这样，贯彻翻译的忠实性标准也就有了明确的理论依据。在教学中，应当遵循词汇衔接的原则，确保学生结合刚学的词汇进行翻译。通过反复练习，加深学生对词汇的印象，增加词汇的对比性。

## 二、翻译对词汇学习的作用

词汇是语言的基础，离开词汇，语言就没有什么实际意义。熟练掌握词汇是理解语言和表达语言的基础，而翻译被当作语言学习的一种手段，成为语言课堂的主要练习形式之一。

从心理学的角度来看，了解英语词汇在母语中的含义会使学习者获取一种参照，从而理解并自信地使用该词。词汇学习涉及很多方面，它包括了解词源、内涵、搭配、修辞用法、同义词等。但有关母语词汇习得的理论和实践告诉我们，掌握一个词并不意味着要掌握这个词的所有因素。也就是说，母语的词汇习得过程中带有很大的不确定性，这种不确定性从孩童时期一直延续到其成年。例如，人们都理解，也会使用"折磨""机器人""权力""集体主义"等词，但能真正透彻了解这些词的词源、内涵的人不多。事实上，如果真要等分析透彻了这些因素才算掌握了一个词的话，那么人们也许永远也学不会说话。英语学习者在使用英语的过程中需要有一种安全感，即需要了解词的准确含义。翻译就能让他们产生这种安全感，因为翻译的过程就是寻求准确意义的过程，不管原语词的语义有多复杂、文化内涵有多深厚，译者都要在母语中找到相对应的表达法。通过翻译，学习者即能理解词的准确含义，从而能安全、有信心地使用这些词汇。

对于某些词汇，如科技词、专有名词或是有绝对目的语对应词的词语，掌握其母语对应词是最佳途径。学习者通过母语便可彻底领会这些词的内涵和外延。而查找其外文定义不仅费时，而且还可能会被误导。

翻译能帮助译者更好地记忆词汇意义。首先，翻译时译者必须对词汇意义进行猜测、查阅、斟酌和比较，这整个过程无疑会使他对该词产生较深的印象。这显然要比在词汇表中记忆词汇的效果好得多。

其次，在寻找目的语中具有对等意义的词时，大脑将激活许多与之在拼写、读音、意义等方面相关联的词语。总的说来，对词与词之间的联系进行调查之后，我们发现本族语者都是通过上下文在特定的专题下来学习和记忆词语的。如果我们说词汇学习最好在一定的上下文中进行，那么翻译将是学习词语的最佳途径之一，因为任何翻译都无法脱离具体的语境来进行。通过翻译，或者说通过具体的语境来学习词汇主要有以下几种优势：

1. 根据语境猜测词汇意义

从语境中猜测词汇指学习新词汇，特别是发现新词汇意义的最主要途径之一。文章中的语法结构，语篇中重复、指代和平行等现象均可为理解新词汇提供线索。

2. 根据语境掌握词汇的语法知识

词汇和语法有本质上的联系。一方面，词汇是语言的基础，它只有在语法规则的支配下才具有存在的价值；另一方面，语法分析也是以词汇资料的积累和语言档案的建立为基础的，脱离具体语言现象进行的语法分析等于空谈。只有将词汇和语法紧密结合，才能对语言进行最完整、最科学的描述。

因此，词汇学习包括理解词汇意义和掌握词汇语法，或称解码和编码、被动学习和主动学习。偏重其中任何一方都不能算是掌握了该词。例如，只理解 forget 和 present 的意思为"忘记"和"现在的，在座的"，但不知道 forget to read the book 和 forget reading the book 以及 present members 和

members present 中两词含义的区别的话,就不算学会了这两个单词。

由于翻译是在一定的上下文中进行的,词的句法特征和各类搭配展现得一清二楚,学习者在翻译过程中自然就学会了词的语法。

3. 根据语境记忆词汇

学习新词汇是第一步,而记住这些词汇则是第二步。在具体的语境中记忆词汇比从词汇表中记忆词汇有效得多。人们对事物记忆的好坏主要取决于大脑对信息处理的深度。对孤立的词的重复是一种低层处理,记忆效果差;将词与所处的语法结构结合起来,则是一种较深层的处理,记忆效果较好;而将词的意义与句子的意义结合起来则是一种最深层的意义,记忆效果最好。

4. 根据语境了解词的语域

语域指的是有某种具体用途的语言变体。翻译除了考虑词的意义以外,还要分析很多与情景有关的因素。作者与读者的关系,主要包括年龄、社会阶层、教育背景等,在很大程度上影响着具体词和语法结构的选择。在翻译的过程中,译者要认真分析原词交际产生的背景是正式的,还是非正式的;读者对所传达的信息的熟悉程度如何;涉及哪些文化因素;等等。在这一过程中,译者对语言的语域认识就加强了。因为"语域的特征主要是通过词汇来表达的",但不是通过单个的词,而是通过几个词的组合来实现的。因此,认识词汇的语域最好是在一定的上下文中进行。

翻译的最终目的是交际,翻译的单位是语篇。翻译中除考虑词汇本身的意义以外,更需要考虑词汇的交际意义。因此要使翻译在外语语言学习中发挥最大的作用,就要将翻译视为交际行为和手段。在利用翻译学习词汇时,无论是在选材还是在分析译文时,我们都应首先着眼于翻译的交际功能。

翻译既能帮助学习者理解词义、掌握其用法,又可提高学习者的交际水平,并在所提供一定的语境中,从各个角度有效地促进学习者的词汇学习。

## 三、翻译技能的培养

翻译既是一种技能,又是一门科学,学生只有经过大量专业训练后才能熟练掌握,而不是像有的人想的那样:英语学到一定水平就可以自然掌握,只要有工具书,翻译就不成问题。因此,学生的翻译技能不是一朝一夕就能提高的。在教学中，我们应有目的、有针对性地采取以下策略，加上学生自身努力，来培养和提高学生的翻译技能。

### （一）通过加强语言基本功的训练，提高学生的翻译能力

语言基本功的训练是一个漫长的过程，不是一朝一夕就能奏效的。教师应在课堂教学中带领学生分析欣赏一些好的语言，并教授如何使用；鼓励学生多听多说。另外，也可以给学生列一些好的书目或篇章，让他们在课后阅读和背诵。大量的阅读对语言水平的提高确实有很大的帮助。通过大量语言基本功的训练之后，如果学生能准确地理解词义，能将句子的结构看懂，也就能将句子准确地翻译出来。因为翻译不但有助于学生准确理解英语词汇和句子的含义，还可以使学生摆脱推测、猜想的困惑，避免造成学生对英语词句理解不准确的情况和因此养成的一知半解的坏习惯。准确的理解在英语翻译中是十分重要的。虽然教师往往要求学生能依据上下文推测词义，但那是在实际教学中的一种比较理想的假设，除非上下文中生词不多。所以，推测词义这一手段的使用效果是有限的，而且，由于学生理解能力的差异，推测的准确性也是难以掌握的。因此，教师应注意因材施教，在培训学生语言基本功的基础上促使学生的翻译能力的提高。

### （二）通过强化语篇教学，提高学生的翻译能力

在这一教学中，教师可以通过语篇教学对学生进行翻译训练，通过实践加深学生对篇章的理解。教师要引导学生首先从语篇分析入手去理解字、词及句子内在的逻辑关系，弄明白通篇文章以及各段的意义，然后再回到要翻译的句子上，根据上下文确定句子的意义，最后再用汉语表达出来。这样做的好处是避免学生读一句译一句，机械进行句子表层的形式翻译，促使学生认真思考，不断认清、理顺句子间的关系，理解文章的深层意义，还可培养学生利用篇章句子间的逻辑关系来预料下文生词的意思，或回指上文生词的含义，从而以有效的方法帮助扫清生词障碍。但是，在教学中不能过多地依赖翻译，若教师认为某一语言点未给学生译成母语，学生就不可能真正理解也是不对的。这种做法忽视了两种语言形式，即语义、语用方面的等值特征，同时也会让学生觉得浪费时间。一篇文章中，学生一读就懂的句子，教师没有必要进行翻译，应该培养学生自主学习、自主感悟语言的能

力。但应对语言材料中的长句、结构复杂的句子、表意丰富的句子、语言优美的句子以及有借鉴价值的句子实施启发式教学，让学生在教师的提示下能进行正确的翻译。这样既有助于加深学生对所读材料的理解，又有利于培养学生的语言基本功，丰富学生的语言表达素材，逐步提高学生的翻译能力。

### （三）通过导入词汇文化的内涵，提高学生的翻译能力

翻译是跨语言、跨文化、跨社会的一种交际活动。翻译过程不仅是不同语言的转换过程，也是反映不同社会特征的文化转换过程。词汇负载着丰富的民族文化内涵，所以，英语词汇教学不能只停留在拼写、读音、字面意义等表面层次上，必须在教学过程中进行文化内涵的导入，使学生真正领悟到词汇的含义，能正确运用所学到的词汇。此外，教师对词汇文化内涵的导入应从效果出发，应视词汇的不同情况采取灵活的方法。导入过程可通过师生之间的交流互动和讨论等方式来实现，尽量使学生发挥母语文化的正迁移作用，减少文化负迁移的影响，这样也有利于学生加深对本民族文化本质的了解。另一方面，需要不断输入目的语文化的正确信息，培养他们一种跨文化交际的文化敏感性。教师还可以根据教学内容，设置交际语境，给学生布置作业和测试，让学生在实践中接触和体会英美文化，找出他们在词汇运用上容易犯的文化错误，有针对性地加以纠正，并适时引入文化知识。尽力拓宽学生的知识面，有助于学生理解中外文化的差异，以此促进语言能力的提高，避免学生在翻译时写出离奇的译文。这样不仅能提高学生的翻译能力，也会相应地促进他们的听、说、读、写能力的提高。

### （四）通过翻译基础知识和基本技能的训练，提高学生使用翻译策略的能力

虽然翻译是一项实践性很强的工作，但我们也不能忽视对学生进行翻译基础知识及基本技能的训练。因为这种训练有利于学生在进行翻译的过程中有意识地利用这些知识和技能指导自己的实践活动，以此来达到提高翻译水平的目的。翻译技能训练应围绕应用理论组织课程。训练的内容要以翻译的常规手段和变化手段为主，具体包括以下项目：直译练习、意译练习、译词法、转换法、长句翻译法、翻译中的词语增补与省略等。教师应引导学生对这些

翻译方法进行学习，并了解在什么情况下正确运用何种技巧进行翻译活动。在课堂教学中，一方面教师将翻译方法与技巧融入课文中，根据翻译的"信、达、雅"原则，让学生在进行翻译时，必须做到忠于原文，不能脱离原文随意发挥；另一方面鼓励学生选择适当的翻译方法，尽可能将句子或语篇译得流畅。通过翻译基础知识和基本技能的训练，提高学生使用翻译策略的能力。由此可见，翻译是一项综合技能，这一技能若训练到位，可以使学生的词汇、语法、结构等学得灵活扎实，从而使语言综合技能得到提高。

总之，学生翻译技能的提高是一个系统工程，需要教师自始至终加强对学生的引导和督促，让学生了解语言形态上的差异、英汉语言的差异。在掌握一定的翻译理论和技巧后，就需要将理论和语言实践——翻译练习联系起来。教师应充分利用课堂上的时间尽量创造机会，让学生做一些口头翻译作业来检验学生的翻译水平，学生也应自觉地在课后时间加大练习，以此来提高自己的翻译能力。

# 第四章 高校英语语法教学改革

## 第一节 高校英语语法教学面临的问题

英语语法作为英语学习框架是十分必要的。新课改下，我国高校英语语法教学发生了相应的变化，重新激发了广大教师和学者的学习兴趣。

高校英语语法教学的目的是使学生更好地进行听、说、读、写等语言实践活动，而不是让学生死记硬背语法规则。语法是语言的组织规则，它向人们提供词型变化以及如何组词成句的规则。因此，在语言学习中，人们无时无刻不受语法规则的支配。对于学习英语的人来说，语法是掌握这门语言的捷径。在非母语环境下，语法能帮助人们学习语言，增强在交际中遣词造句的准确性，从而更有效地使用语言。

### 一、国内高校英语语法教学的研究

中国对英语教学方法的研究始于19世纪，兴起于20世纪70年代末，盛行于当代。我国传统的语法教学主要采用研究法教学的方式，以归纳法与演绎法为代表。教师让学生把语法规则倒背如流，且不断地分析句子里的词汇形式是否符合所学的语法规则，培养学生研究语法的习惯。综观国内各类语法教材、语法大全普遍以语法规则为先，结合文章里的句子，罗列一些跟生活毫不相关的例子，加以零散的句子做练习，只能起到机械操练和研究语法规则的作用，学生真正能掌握运用的知识少之又少。

教学大纲对语法提出了明确的要求，新课标明确规定了各级教学的目的与要求，列出了十分详尽的语法项目表，充分体现了教育部对语法教学的重视。在不断的教学转型中，教师从重视语法到轻视语法再到正视语法，国内的语法教学法发生了许多的变化。英语语法教学法也从最初的翻译法、归纳法、演绎法一直发展到现在的听说法、视听法、沉默法、交际法等多种多样的教学法。随着语法教学理论的发展变化，我国的英语课堂上语法教学的地位和作用也发生了一些变化，如今的语法教学模式的多样化，辅助手段的丰富化，使我们的语法教学收到了很好的教学效果。教师们也逐渐明确了新课程下要在语法教学中既要突出语言的交际功能，又要使语法知识消化成为正确应用语言能力的正确的语法教学观点。

综上所述，尽管在新课改前国内外关于语法教学法有这么多方面和多层次的研究，但较少针对在中国高校英语语法的最终运用的一个重要方面。虽然各种语法教学方法都具有其独特的优越之处，但是在英语语法教学实践中，它们仍存在着一些问题。如在传统的外语教学中，人们多数认为掌握语言就是掌握语法，而掌握语法的方法就是通过大量的语法翻译练习。这种教学法的弊端很明显，它忽视了口语和听力训练，学生得不到听说训练，口头交际能力差，过于追求语法的精确性，忽视了学生的语言创造能力，不能充分发挥学习语言的主观能动性。听说法给了学生足够的语言环境去交流，但不能准确掌握语法知识，容易使学生在写作和考试时出现错误，语法规则不能正确消化。因此，在新课程转型下，教师和专家纷纷探讨有针对性的语法教学模式，能为学生掌握语法基础知识，运用语言，起到了有效的推动作用。

## 二、新课改后高校英语语法教学的研究

新课改后，教师在教学中要转变观念，正确认识语法教学和英语教学的关系，并且要从学生的需要和班级的特点进行语法教学。

总体上讲，英语语法教学方法有归纳法和演绎法两种。归纳法的步骤是观察—分析—归纳—练习，这是从实践到理论再到实践的认识过程；而演绎法的步骤是提出语法规则—示例—解释语法规则—练习，这是从理论到实践的认识过程。这两种教学方法各有千秋。在实际教学中，教师应视学生的年龄特征、英语水平和语法项目的特点来选用教学方法，可以采用交际法与传

统法并用，突出语法教学重点，提倡用探究的途径来学习。

近年来，我国高校英语四、六级考试中，单项选择已经不局限于最初的考查简单规则的语法项目，而是稳中求变，难度逐年提高，命题也越来越灵活，具有较强的综合性和较宽的覆盖面。随着新课标的实施，对学生综合运用英语的能力要求越来越高，要求学生掌握的词汇量也越来越大。国家根据不同地区的学生特点，把高校英语四、六级考试也划分了若干个区域，各地区的教师也对不同地方的试卷进行了分析研究。新课改后，教师通过分析新四、六级的各个题型，归纳知识点，总结解题技巧，在一定程度上为学生学习语法提供了学习的捷径。但这些都只是关于教学或者试题的分析，缺少从学生的角度研究的实际语法教学。

## 第二节　高校英语语法教学的意义

随着交际法引入英语课堂教学，传统的语法翻译法受到批判，人们把"听不懂、说不出"的根源归结在语法教学之上，语法教学成了众矢之的。需要注意的是：一是不能排斥语法启发我们深入认识语法教学的必要性；二是企图排斥语法则使我们认识到语法教学有转型的必要。

语法学习在英语教学领域一直处于非常重要的地位，但随着高校英语教材的转型及推广使用，在教学中引入"功能交际法"，强调"听说领先，读写跟上"。新授课多采用表演式操练方式，大多数学校号召教师要精讲多练，甚至"不讲光练"。高校英语专业的学生毕业后所教授的对象大多数是各级大学生，他们将要用到的教材是转型后的基于结构功能法的新教材。

### 一、语法教学的必要性

"交际语言教学"是一种教学理念，是一种自上而下的指令，而不是什么教学方法。我们不妨把"交际语言教学"理解为一种理想的教学境界。一切可以为达到这个境界服务的方法都可以采用，包括一些语法，比如翻译法。

语法是实施语言交际的不可缺少的要素,翻译则是语言交际的最常见的形式和过程。没有语法和翻译,就没有语言交际可言。一是坚持"交际语言教学"原则,同时又感到语法教学的重要,随着教学的进展,"交际语言教学"的一些做法已不如新材料能激发学生的学习兴趣和学习积极性;二是既强调交际需要的语言功能,又重视应试需要的语法练习,但课堂主要活动是复习语法和做语法练习,大量的讲解使用普通话;三是由于自身英语技能较弱,不敢越出课本,上课以翻译、讲解词汇为主;四是虽然认同"交际语言教学",因课堂纪律问题,教学经常不能按计划进行,只能做些例行的作业检查。以上四种情况表明,认同和认定某种教学原则并不能解决问题,起决定性作用的还是教师本人。

英语教师的"艺"首先指掌握英语的熟练程度,其次指驾驭教学的熟练程度。艺高才能胆大,才能得心应手、挥洒自如,才有余力去考虑教学方法问题,才有余暇去顾及学生的情绪,才能从容对付课堂上的偶发和突发事件,才能随机应变、因势利导。因此,教师的信心和实力都来自他的英语熟练程度,教师的成败首先取决于他的英语熟练程度,这已被无数事实所证明。

语法是联系词汇与句子的纽带,有了语法规则才能完整地表情达意,才能使语言具备有条理的可为人们所理解的特质。语法在语言中是很重要的,特别是你想作为高手,没有扎实的语法基础,几乎是不可能的。衡量你的语法水平可使用翻译,好的翻译都是在搞透语法的基础上完成的。语法水平也体现在你的写作水平上,若一个人能够写60字的长句而不犯语法错误的话,那么文章肯定能得高分。但现实中不会写长句,要么一写长句就犯错误,所以其写作总处于二流水平。

因此,英语学习放弃语法、淡化语法的做法都是不切实际的,特别是对于高校英语专业的学生来说,更有必要学好语法,为将来做一名合格的英语教师打下坚实的基础。当然,只注重语法学习,而忽视口语训练也是不恰当的,应将二者有机地结合。在熟知语法状态下,全面提高听说读写译的综合能力。对于英语语法的学习,长期困扰着中国学生的有几大误区:一是为语法而学语法,结果越学越糊涂,以至于谈"法"色变;二是空有满腹文采,却只有自己知道,无法可依,既说不出,也写不出;三是认为语法无关紧要,置语言的规律和法则于不顾,随心所欲。

纵观我国传统的语法教学，始终跳不出照本宣科、"填鸭式"灌输语法教条的模式，学生重复投入了巨大的精力和时间，却仍然只在原地踏步，收效甚微。语法教学要重视，但英语语法课不应停留在单一的语法知识传授上，应该成为语言技能的一个环节，成为培养英语交际能力的手段。教师不能一味灌输语法规则，而是要在正确认识语法教学目标的基础上，探索和应用新的方法进行语法教学。

## 二、英语语法教学的转型

认识语法教学，不能只认识教学语法的必要性，也要认识到教学语法在内容和方式上应该有所转型。

首先要改变观点。语法教学的目的不是掌握语法学，而是取得学习目的语的工具；就像我们为了学习英语发音而学习国际音标一样。最好是"学语法—用语法—丢掉语法"。教学语法之时要有一个明确的观点：语法教学的目的是掌握学习语言的工具。这个观点是转型语法教学的前提，也是必须进行语法教学的前提。其次是语法教学的内容要改。我们的教学语法来自传统语法，指令性语法意味着语法决定语言而不是语法解释语言，因而教学语法也不要采用宣讲式去学习过多的规则，且使规则与使用脱节。转型之道在于重写和选择教学语法，从使用频率选学各学习阶段适宜学的语法内容，使学到的语法能够作为有效的工具去学习语言的运用，但所学内容仍应按教育学原则斟酌其深浅难易。认为语言学习材料不必区分难易的理论，对我们的外语教学是不可取的。再次，要转型语法教学过程。语法既然是解释语言的工具，所以适宜在认知语言材料之后教学。按外语学习方法论的三个阶段，其呈现阶段是把课文语言材料学到手，实践阶段是认识语言某些有规律性的东西，此阶段最适宜学语法，然后到迁移、产出阶段去加以运用。我们的语法教学常常放在呈现阶段和迁移阶段，那是不合适的。但语法教学一般难以一次完成，得采用圆周式，多次循环加深，即"学—思—用"的螺旋反复，在螺旋反复中加深。

此外，要转变语法教学的方法。语法教学的方法、技巧要多样化，不能只用讲解、分析、改错，也应采用探究、讨论、活动等多种方法。且不论采用什么方法,都要立足于解释语言现象,不可进行孤立的规则探讨。要让学生进行大量的语言实践,在语言实践中自觉地去观察语言现象,这样才能了解语言规律,使自身的语言合乎规范。例如,上语法课时,可以先设计好的练习,在组内一边讨论一边完成。并且在练习的基础上由学生自己总结出其中的规律,学后印象深刻。教师也可常采用游戏的形式来开展语法课的教学,如帮助学习时态、复合句的游戏,学习词汇词性的游戏,学习巩固不规则动词的游戏。多种多样的游戏教学形式,会给学生留下深刻的印象,在激烈的游戏竞赛中掌握知识,学会枯燥的语法规则,理解语法的正确用法。

总之,通过语法教学的转型,应力求在语法课上看不到学生脸上厌烦的表情,让学生们时而说、时而笑、时而争论、时而聚精会神地倾听。语法课不是教师的一言堂,而是学生们积极热情参与的课堂,要让活泼充实的学习吸引学生们。语法教学不仅对提高教学效果大有作用,如果在教材教法上认真探讨,一定会成为受学生欢迎、对学生的学习有较大帮助的一门课程,使它真正成为培养语言技能的一个环节。所以,我们有必要了解语法教学的必要性与转型之道,并研究英语教学中的语法教学。

## 第三节 高校英语语法教学的内容与目标

英语语法是我国大学生英语的主要课程之一。语法教学的目标包括两方面的内容:一是通过教学,使学生对英语的基本特点、语法体系和规则有一个较全面的了解和掌握,以此来提高英语表达和运用能力(听、说、读、写、译)。二是根据培养目标,语法教学还应培养学生将来运用英语的能力,如师范生的语法教学能力。简而言之,即知识的传授和能力的培养。过去我们在教学中,往往强调知识的传授,不够重视能力的培养,因而有单纯地、片面地、机械地灌输语法规则的倾向,结果不少学生觉得语法难学、难记、难用。所以,我们要更进一步明确语法教学的目标,更重要的是不断探索和改进教学方法。

在我国有关英语语法教学法的专著和教科书中,大多数把归纳法和演绎法作为语法教学的两大支柱,人们往往以是否运用了这种"传统"教学方法去衡量一个教师语法教学的成败得失。诚然，归纳法和演绎法，作为人类思维发展的结晶，在教学、科研究中有其不可忽视的作用。究其源，归纳法和演绎法用于语法，主要适用于语法研究和著述。在教学中也主要在复习课上。由此可见，归纳法也好，演绎法也好，在英语教学中，运用要恰当，不应过分强调，而且应与其他许多行之有效的方法有机地联系起来。

## 一、语法教学的目标

我们在教学中，必须参阅各种语法专著和教科书。但不少语法书中对语法理论和语法规则的阐述，往往过于概念化、原则化，有时还应用大量的考证。如果我们置教学目标、教学对象于不顾，把这些概念化、原则化的东西，甚至把大量的考证照搬上课堂，教得可能很轻松，学生则会感到难以理解。正确的方法应该是用学生易于接受或经过努力可以理解的方法，对那些概念、原则进行深入浅出的分析，尽量使用熟悉的词语和例句，力避考证法。

对于中国学生不易理解和接受的语法术语，也可采取以上分析的办法，同时可以用更形象的语言来表达，还可以辅以简明的图表。现在完成时是中国学生学习的难点。现在完成时又分完成用法和未完成用法两种，就更加难理解。如果我们画出一幅简明的图表，从某些动词所表示的动作可延续，某些则不可延续，再从动作完成的时间以及对说话时的影响把其中的完成用法俗称为"影响用法"，而把"未完成用法"俗称为"延续性用法"，学生就会豁然开朗。

在语法教学中，有些学生语法规则记得很牢固，但在实际运用时往往会下笔有错句，开口说错话。原因在于这些学生不懂在不同的情景、不同的环境下用恰当的语句来表达。现在许多国家盛行情景教学法，同时语法流派又出现了交际语法。我们可以把情景教学法和交际法的某些内容和方法引进我们的语法教学。可以说，标准的祈使句没有一点语法毛病，但如果要请到家做客的不太熟悉的人把门关上，用祈使句就大错特错了。

语法教学中比较方法的运用可以起到承上启下、融会贯通的作用，能提高学生的语言识别和运用能力。比较可以分几个不同的层次进行。首先是语法体系内部有关联内容的比较，如一般现在时与现在进行时，一般过去时与现在完成时，几个将来时间表示法，几个非谓语动词，一系列情态动词等，它们之间有联系，又有区别，一般语法书中虽有比较，但都较概括。我们在教学中，就要抓住这些容易混淆的内容，从基本意义、引申意义、用词限制、句式搭配、使用场合乃至修辞色彩和语体区别做既详尽又突出重点的比较。

其次是形似句的比较。如果我们能够结合教学内容，抓住有利时机，经常引导学生做以上这些比较，势必会提高他们的学习警觉性，培养他们的钻研兴趣和能力，其作用可以超出语法教学的本身范围。

最后一点，因我们的教学对象是将来的高校英语教师，所以我们除了向他们传授语法知识，培养他们的语言表达运用能力，对他们将来教学能力的培养，也是责无旁贷的。所以在进行语法教学的过程中，还应有意识地让学生了解语法教学本身的规律和掌握一定的教学方法。这可以从两个方面着手：第一，我们自己在教学中一定要注意采用正确的、科学的、灵活的教学方法，切忌满堂灌和语法规则的简单罗列。第二，在讲授某项语法内容时，特别是重点内容时，可向学生做高校语法教学方法的提示，例如向他们指出，大学生在学习该内容时，可能碰到什么问题，典型错误有哪些，错误的原因是什么，怎样纠正等。有时甚至为他们设计出高校教学方案的框架，或指导他们自己设计出这种框架，进行适当的讲评。还可以结合与高校挂钩的活动，组织学生到高校里去听课或参加批阅大学生作业，直接了解大学生的学习作业情况。

对学生语言表达、运用能力的培养，还体现在语法课的考查方面。过去的考查多偏重知识性，如重视术语、句法的分析等，而忽略了对学生能力的考查。这方面应有所改进，具体来说，在考查内容上，在考虑相当覆盖面的前提下，要做到突出重点内容；在考查形式上，要着重考查学生的动手能力，例如可多出些改错题、句型转换题、自由填充题以及英汉、汉英翻译题等，根据需要和可能，甚至可以布置短文写作题，检查学生语言综合运用的能力。

## 二、语法教学的内容

高校语法教学的教学目的要求高校的语法课是一门实践课，可是现在的高校语法课是一门知识课。高校语法教学的教学目的是提高学生理解和运用语言文字的能力，可是现在高校语法课的实际目的是传授语法的理论知识。

要转型恐怕就要在这些根本性的问题上进行转型。理论知识和实际能力之间当然不是没有任何联系的，但是理论知识并不等于实际能力。掌握了一种语言的实际运用能力，并不等于同时掌握了这种语言的语法的理论知识。反之，掌握了一种语言语法的理论知识也不等于同时掌握了这种语言的实际运用能力。

大学生在入学以前实际上已经较为熟练地掌握了汉语的基本语法和各种常规用法，这就是说他们还没有掌握全部汉语语法，特别是他们还没有掌握书面语言的语法和各种非常规用法，因此还需要提高。不过他们需要提高的仍然是实际运用书面语语法和非常规用法的能力，而不是有关的理论知识。现在把语法课教成了知识课，教成了语法理论课，这样就出现了死记硬背概念术语和单纯贴标签的现象，完全背离了高校语法教学的目的。教师花了不少精力去教，学生花了不少精力去学，学过了无助于提高学生运用语言文字的实际能力，更由于不少内容还是没有定论的，也不完全符合学生的语感，学起来特别困难、特别枯燥，所以产生厌烦情绪是很自然的。同时相当一部分语文教师也感到这样的语法课难教，并且教了没有多大用处，最终就很自然地产生要"淡化"和"取消"语法教学的想法。

因此，转型高校语法教学首先要弄清这门课的性质，要把知识课改为实践课，把传授理论知识改为提高学生运用语言文字的实际能力。但是要这样改就得动"大手术"，就得改变几十年来语法教学的传统。过去语法课的绝大部分时间用来传授语法知识，做练习也是为了巩固学了的语法知识，语法课和作文课口语训练课（若有这样的课程的话）是脱节的。要把知识课改为实践课，就要大幅度削减语法知识的内容，大胆提高正确运用语言文字的实际能力，删掉没有直接联系的内容，适当增加修辞和逻辑思维训练的内容，还必须跟作文和口语训练熔于一炉。

假定原来作为知识课的语法教学课时为100%，其中传授语法知识的课时为90%，练习用的课时为10%，那么作为实践课的语法教学，传授语法知识的课时不宜超过20%，传授修辞和逻辑思维方面的知识的课时不宜超过10%，而70%的课时应该用来结合语言实践来提高学生理解和运用语言文字的实际能力。学语法不应该以能死记硬背概念术语和贴标签为目的，学修辞不能以背诵修辞格的名称为目的，培养逻辑思维能力也不能以学习逻辑学的名词术语为目的。学语法是要求说得正确，写得正确，均要合乎规范；学修辞是要求说得更好，写得更好，要求贴切、得体，而不是要求写出云山雾罩的、谁也不懂的文章来；培养逻辑思维能力要和连词、复句和篇章教学结合起来进行，是要求说话、写文章连贯通顺，推理合乎情理。

大学生掌握母语是某种方言的口头语言，这与规范化的民族语言有一定差异，所以语法教学的首要任务就是要推广语言文字规范，担负起民族语言规范化的重任。这绝不是没有什么可教的，可是过去的语法教学长期忽略了语言规范化的教学。

现代英语口语和书面语言的差距还是比较大的。因此，根据我国的国情，书面语言语法应该是语法教学的另一个重点。尽管书面语语法的核心部分是和口语语法基本一致的，但是在书面语中还出现大量和口语语法不一致的欧化语法和文言语法，而这些正是大学生还没有很好掌握的语法难点，所以需要作为重点来教。教语法，即使是教实用语法，最必要的概念术语还是不能不教的，但是讲授这些最必要的概念术语是为了分析实际用例时便于称呼，不是为了论证这些概念术语，所以没有必要把语法学界的争论带到课堂上去。例如讲解什么是"词"，什么是"短语"，不必详加论证，那样讲解，很有可能越讲越糊涂，不如举几个典型的例子来加以说明就可以了。句子成分分析也一样，要论证每一种句子成分的形式和意义至少目前还很难说得清楚，也可以举典型的例子来加以说明。可能有人会说这是回避矛盾，不是科学态度。是的，这样做是在回避矛盾，也可以说是在有意识地回避矛盾。但是，这样做不是不科学的态度，相反，这样做才是真正的科学态度。汉语语法还有很多说不清楚的地方，不回避就只能武断，而武断绝不是科学态度。专家语法是一家之言，可以处处"说一不二"，是否科学尚待论证，尚待实践来检验。教学语法只能教经过实践检验的科学结论，不能教有争议的内容。这实际上是任何一门课程教学内容的普遍准则。因此，回避有争议的内容应该说是一种既慎重而又科学的态度。语法知识也许只限于最必要的概念术语和一个句法框架就足够了，总体上还应该宜粗不宜细。在讲解和分析句子和篇章的时候用得着的概念术语要教，用不着的可以不教。可能又有人会说，这完全是实用主义。说得不错，这样做正是实用主义，因为在高校教语法不是为教语法而教语法，教语法完全是为提高学生理解和运用语言文字的实际能力服务的。

在高校教语法不同于在高校语言专业讲授语法学课程，不必强调学科的系统性和理论性。当然，若要这样去转型高校语法教学，究竟应该删掉哪些具体的语法知识，应该保留哪些具体的概念术语，应该增加哪些规范化的教学内容，应该讲授哪些具体的修辞知识，应该怎样进行逻辑思维训练，应该怎样跟作文和口语训练相结合，应该安排哪些实践活动，诸如此类都不是很容易解决的事情，因为在传统的语法教学中缺乏这方面的经验。但是我们深信，有经验的第一线的语文教师有能力在不断实践，不断修正的过程中解决这个问题。

我们深信有责任感的英语教师会关心整个英语教学的转型，关心语法教学的转型。只要大家来关心，集思广益，群策群力，那么高校语法教学，乃至整个高校英语教学一定会逐步改善。

## 第四节 高校英语语法教学的新方法

高校英语语法教学具有举足轻重的地位，但目前高校英语语法教学进展却不尽如人意。有关人士调查分析了高校英语语法教学方法的现状，并在此基础上，结合实际的教学实践，探索出了有效的、切实可行的新高校英语语法教学模式和教学方法。

### 一、新课标对高校英语语法教学的要求

《全日制义务教育普通高级高校英语课程标准》（以下简称《课程标准》）明确指出："英语课程转型的重点就是要改变英语课程过分重视语法和词汇知识的讲解与传授、忽视对学生实际语言运用能力培养的倾向。"显而易见，"改变过分重视语法的讲解与传授"只是要求改变以前传统语法教学中某些教学方法和倾向，并非要求放弃语法教学。不论在教学目标上还是在教学方法上，《课程标准》倡导的语法教学与传统的语法翻译法的理念不尽相同，

要求教师重新认识高校语法教学的目的，改变语法教学的方式。在传统语法教学目标要求的基础上，《课程标准》还要求学生用所学的语言形式去做事，强调语法知识的交际功能，培养学生在实际交际中运用语言知识的能力，这也正是《课程标准》中语法教学目标要求的精髓所在。

## 二、高校英语语法教学现状

当前，随着高校英语新课程转型的不断深入，交际语言教学思想已广为我国外语教学界接受，交际教学法也正在全国大部分高校课堂里广泛地被使用。曾流行一时的语法教学在现今以功能意念为主的英语教学活动中逐渐淡化。有不少教师认为，在英语教学中，主要是培养学生的语言交际能力，语法教学无关紧要。而实际上，英语教学的交际化并不排斥语法教学，也不能排斥语法教学。根据实事求是的原则，就高校英语教学中语法教学的现状进行了广泛的问卷调查，结果如下：

### （一）新老教师面对新教材时所出现的问题

新老教师面对新教材均有瓶颈。由于考试制度的牵制，以及升学压力的负担，多数老教师长期使用传统方法教学，思维已成定式。而与传统教材大相径庭的新教材打破了他们原有的教学体系，让他们不知所措、无从下手，只好沿用传统教法，违背了新教材编写的初衷。尽管他们功底扎实，经验丰富，但最终导致学生对课文理解囫囵吞枣，语法知识支离破碎，学生的综合语言运用能力难以长进。而部分任教不久的年轻教师由于经验和功底不足，难以应对新教材。主要表现有：不会运用交际教学模式，学生的语言表达能力得不到及时的锻炼；语法功底不扎实，使用口语和单词造句时，时常出现语法错误，无法准确流畅地进行语法教学，从而导致学生不能及时地接收到准确的语法信息。

### （二）交际法与语法教学的困惑

教师没有领会新课程的理念，不能正确处理好交际法与语法教学的关系。部分教师采用传统的语法翻译法来进行教学——教师唱独角戏，学生被动地接受教师所传授的语言点。这种方法不仅无法调动学生的学习积极性，而且还不能锻炼学生的语言表达能力和灵活运用知识的能力。部分教师采用交际教学法进行教学，注重交际，但没有集中解释、操练学生所期待了解的语言点。这种方法导致许多学生不能理解交际教学法后面的隐性知识，语法知识也难以融会贯通并牢固掌握，语言的运用能力也就无法提高。

由此可见，语法学习是语言学习中必不可少的环节。"语法在整个外语教学中的地位和作用问题，已经不是语法该不该教的问题，而是教什么和怎么教的问题"。那么如何在教学中展开语法教学呢？新课标无疑给我们提供了明确的答案。

## 三、新课程下的语法教学模式

"现象列举—发现问题—要点归纳—练习巩固—灵活运用"常规教学模式在语法教学中应根据不同的教学任务、不同的教学目标和不同的教学时段采用不同的教学模式。在日常教学中，教师不应每遇到一个新的语法项目都花费大量时间去讲解和操练，而应根据教材编写者的意图，每单元安排一定时间，采用"现象列举—发现问题—要点归纳"的方法，专项突破该单元的重点语法项目。一般说来，高校阶段的语法教学更多地使用归纳法。因为与演绎法相比，归纳法能促使学生主动参与学习活动，有利于培养学生的观察、思维、分析和综合能力，有利于提高学生自主学习和探究学习的能力。当然，教师还必须认真设计巩固操练和实际运用教学环节。只有通过实际运用，才能帮助学生消化语法规则，使其真正掌握所学的语法知识并运用得恰到好处。

## 四、新课程下的高校英语语法教学方法

### （一）任务型语法教学方法

知识不是简单地通过教师传授而获得的，而是在一定的情境中，学生借助教师和同学，利用必要的学习资料，通过人际的协作活动，依据已有的知识和经验主动地建构的。建构主义关于教学的主要思路包括注意以学生为中心进行教学；注重在实际情境中进行教学；注重合作学习；注重提供充分的资源。

因此，在英语语法教学中要给予学生明确的任务。这里所讲的"任务"比一般的操练活动更接近学生的实际生活。任务完成后要有一个展示学习成果的"大活动"。在语法教学中，教师应设计一些任务，让学生通过完成任务来掌握语言形式和语言规则。任务设计一般应围绕以下两条主线进行：其一，所学语法项目的主要语言功能。其二，学生感兴趣的、熟悉的、有话可说的某个话题。

### （二）探究式语法教学方法

建构主义学习理论认为学生学习过程是在教师创设的情境下，借助已有的知识和经验，主动探究、积极交流，从而建立新的认知结构的过程。它主张学习是学习者主动建构自己知识经验的过程，是通过新经验与原有知识经验的相互作用而不断充实、丰富和改造自己已有知识经验的过程。它强调学习的主动性。探究式语法教学方法强调的是以学生为主体、问题为中心、研究为手段、实践为途径、过程体验为重点、创新精神和实践能力培养为目的的一种学习方式。

高校语法教学也可采用探究式学习和合作式学习的方法。教师可以根据所教班级的实际情况，把学生分成若干学习小组，指定组员中1~2名英语成绩好的学生作为组长和副组长，然后在教师的指导下，围绕着某一语法内容查阅资料，收集、筛选、分析、处理和运用各种信息，再通过小组成员之间的互相启发、互动交流和互相学习来深入理解某个语言点。例如，在定语从句教学中做了如下尝试：第一步，让学生利用图书馆中的语法书籍查阅，或通过网络搜索以下问题：什么是定语从句？什么是先行词？什么是关系代词？关系代词可以分为几种？每一种关系代词有哪些用法？第二步，让学生在组内交流，相互补充，互相探讨。第三步，推荐表达能力较好且不怯场的学生在课堂上展示。第四步，教师帮助学生做必要的补充，并对在此项活动中表现优秀的学生给予适当的表扬，以达到鼓励和带动全班同学的目的。

### （三）归纳法

在总复习的过程中，采用归纳的方法会激发学生的好奇心和求知欲，提高复习效果。运用归纳法时，先让学生接触具体的语言现象，然后进行观察和分析，并在教师指导下找出规律再反复操练。

通过观察，可以得出在非真实条件句中，表示现在及将来情况的虚拟语气，主句要用 would＋动词原形，从句要用一般过去式。如果是 be 动词，要用 were 的结论。然后教师给出更多的例句，让学生观察、讨论。然后进行反复的操练，培养学生对语法规则的灵活掌握。

## （四）情景法

情境教育中的情境是多元、多构、多功能的。中国学生学习英语最大的困难就是缺乏真实的语言环境，所以在英语语法教学中，教师应用真实的语言环境和设置模拟情景进行语法教学，使语法教学更加形象化、直观化、真实化和趣味化。要达到这一目的，教师可以采用实物展示、图片再现、肢体语言等多种手段。在这种特有的环境中，借助多媒体计算机反复练习重难点，反复运用重难点，这样难点就不难，而重点也就是名副其实的重点了。

综上所述，结合自己的教学实践探索出了有效的、切实可行的高校英语语法教学模式和教学方法。语法教学模式有"现象列举—发现问题—要点归纳—练习巩固—灵活运用"这一常规教学模式。语法教学方法有：任务型语法教学方法、探究式语法教学方法、归纳法、情景法。但是法无定法，针对不同的教学目标、教学内容应制定不同的教学方法。

# 第五章　高校英语听力教学改革

随着教学改革的不断深入，社会发展对大学英语听力教学提出了新的要求，而听力教学一直是我国英语教学的薄弱环节，为此，我们必须深刻认识到传统英语听力教学中存在的不足，了解影响听的因素，正视我国大学英语听力教学面临的问题，明确教学内容与教学目标，并在此基础上探索大学英语听力教学的新方法。本章将具体阐述上述问题，希望能为大学英语听力教学的改革提供理论上的支持。

## 第一节　高校英语听力教学面临的问题

### 一、教学体制方面的问题

（一）课程设置欠佳

《大学英语课程教学要求》（以下简称《课程要求》）指出，各高等院校可以根据自身实际情况，按照《课程要求》和本校的大学英语教学目标设计出各自的大学英语课程体系，将各类课程有机结合，确保不同层次的学生在英语应用能力方面得到充分的训练和提高。《课程要求》还明确规定大学英语课程的设计要充分考虑对学生听说能力的培养，且给予足够的学时和学分。

然而，在实际的英语教学中，听力教学并未得到应有的重视，很多高校在英语听力课程的设置方面游走于《课程要求》的边缘，一直压缩听力课程的学分。这主要是因为很多院校只注重专业课而忽视了英语课,在英语课程中也只重视英语精读课而完全没看到英语听力的重要性。此外,还有一些院校在课程改革中将听力课与口语课相结合改为听说课,这其实是在稀释听力课本就不多的课时与学分。在这样的情况下,学生的英语听力能力很难得到提高。

## (二)教学评估单一

教学评估对于实现教学目标至关重要,是大学英语教学的重要环节。教学评估既是教师保证教学质量、改进教学管理、获取反馈信息的重要依据,同时也是学生改进学习方法、调整学习策略、提高学习效率的有效手段。在我国的大学英语教学中,教学评估一直左右着英语听力教学模式和教学方法的实施。各院校和各级教育行政部门也将大学英语课程教学评估视为本科教学工作评估的重要内容。

但是由于受"应试教育"思想的深刻影响,教学评估依然是以学生的成绩作为唯一的考核标准,很多院校更是以大学英语四、六级考试成绩来衡量学生的学习情况和教师的教学情况。这些都给大学英语听力教学带来了很大的影响。因为在大学英语四、六级考试中,听力只占30%的比重,致使很多教师和学生都将精力放在比重较大的阅读上面,在课时和学分的分配上也更侧重于精读,这都不利于学生听力水平的提高。

## (三)教材单调,缺乏真实性

目前,我国大学英语听力教材存在的问题主要有两方面。

### 1. 听力教材过于单调

我国现在的大学英语听力教材仍然还是一本教材外加几盒磁带的模式。大学英语听力的教学缺乏规范的、与课文录音配套的音像辅助资料,缺少必要的视听设备和科学理论的指导。很多教师将课文的录音磁带发给学生让学生课后自己练习,由于缺乏教师的监督和指导,学生往往毫无策略,而教师也无法从学生那里得到任何反馈信息,无论是教师还是学生,都没有很好地利用磁带。这种单调的听力教材使听力课堂气氛沉闷,学生很容易产生厌倦心理,严重影响了听力教学的课堂教学效果和学生的学习积极性。

2.听力教材缺乏真实性

我国大学英语听力教学中使用的听力材料大多是由专家整理、改编,再由发音纯正的外国人士录制而成。这种听力材料常被称为非真实材料或"人工"材料。非真实材料语言的节奏和发音语调都不太自然,说话没有自然的停顿和开始,也没有快慢的变化,内容好像不是说出来的,更像是读出来的,毫无真实语言的特点。学生使用这样的听力材料进行听力训练很难培养在真实语境中交际的能力,听力水平也很难得到提高。

## 二、教师方面的问题

在大学英语听力教学过程中,很多教师只注重对理论知识的传播而忽视了对学生心理素质的培养,致使很多学生在接收到听力信息之后,由于过度紧张而无法对接收到的信息在短时间内进行具体有效的分析。对于学生在英语听力课上的焦虑心理,如果教师没有足够的重视并帮助学生努力克服这种消极心理,会对学生的英语听力学习效果产生严重的影响。有关资料的调查显示,有些学生的英语听力学习水平基本上是一致的,但其中有的学生心理素质不高,在上英语听力课程的时候会出现恐惧、紧张的心理,这类学生的听力成绩会比心理素质好的学生差很多。因此,大学英语教师在培养学生听力能力的同时还必须重视对他们心理素质的培养,消除学生的心理障碍,提高大学英语听力教学的质量。

在大学英语听力教学中存在的另一个问题是,大学英语教师在对学生的听力能力进行训练时,往往会忽视对他们听力技巧的培养,致使学生在听力练习中没有目的性,常常事倍功半,很难达到预期的效果。

## 三、学生方面的问题

从学生的角度来讲,学生听力水平难以提高一直是我国大学英语听力教学面临的重要问题,究其原因,主要有以下几点:

(1)大学生缺乏对英美文化知识的了解是听力水平难以提高的重要原因,学生不了解英美国家的文化也就不了解英美说话者的价值观念和思维方式，这些都会成为学生们在听力过程中的阻碍，严重影响对听力材料的理解。

（2）受传统教学模式的误导，大多数中学英语教学不重视英语听、说能力的训练，加上教学条件有限，学生很少有正式听英语的机会，学生对英语听力的学习缺乏有利的环境，致使母语思维一直处于主导地位，而英语和汉语在语音和表达方式上的差别很大，对母语的过度依赖严重影响了学生听力的发展。到了大学，学生过低的英语听力水平与大学过高的课程要求之间的矛盾使学生跟不上课，英语听力课堂的教学效果也很差。虽然大学校园中有英语广播等节目，但这些资源非常有限，无法被学生普遍、有效地利用，大学生英语听力的学习仍然缺乏必要的语言环境。而在英语听力误区，由于学生的听力水平较低，教师不得不大量使用中文授课，如此更加强化了消极的思维定式。

（3）教师素质低也是学生听力水平难以提高的重要因素。过重的教学负担使教师很少有时间和机会去进修和提高自己，优秀大学英语教师外流的现象较为严重，大学英语教学缺乏一支长期稳定且优秀的师资队伍。

（4）在大学英语听力教学中，学生的认识误区是影响其听力水平的内部因素。由于大学英语四、六级考试侧重于考查学生的语法、词汇量和写作水平，而对听力的考查所占比重很小。一些学生认为自己听力基础水平差，提高起来费时又费力，不如将时间和精力放在比重较大的阅读理解上，希望只依靠阅读理解就能得到合格的分数。

## 第二节　影响听的因素

听是一个人语言能力的重要体现，是一种看不见的认知操作过程。在大学英语听力教学过程中，学习者的听力水平会受到很多因素的影响，影响学习者听的因素大体可分为主观因素和客观因素两大类。

### 一、影响听的主观因素

说到影响听的主观因素，主要是从听话者的角度而言的，包括听话者的语言水平、背景知识、记忆力与注意力、学习方法与学习习惯，以及听话者的情感因素等。

## （一）听话者的语言水平

听话者的语言水平主要受语音知识与词汇量的影响。

### 1. 语音知识

语音对于语言来说有着至关重要的作用，正确的发音是实现顺利交流的重要保障。很多学习者都遇到过这样的问题：在听力过程中，一些自己认识甚至是非常熟悉的单词或短语常常会分辨不出来，以致出现很多无法听清或听懂的内容。这一问题的根本原因就在于语音，学习者本身发音语音不正确，致使他们即使听到某个词语也很难在脑海中搜索到相应的正确词汇，自然也就很难理解所听材料的意思。造成学习者发音不准的因素主要有以下几点：

（1）学习者的发音不准是受害羞心理的影响。中国有很大一部分的学习者在英语学习过程中有着强烈的害羞心理，他们羞于张口，害怕因说错而被嘲笑。学习者在学习英语发音时，如果因为害羞心理而不敢开口练习，那么就很难掌握正确的发音规则，造成发音不准。

（2）学习者对语音的轻视也是导致发音不准的一个重要原因。有些学习者并不重视发音的作用，认为发音不重要。他们在学习单词的时候只关注单词的拼写与中文意思，对单词的音标视而不见，所以他们对很多单词的发音都不准确。

（3）学习者不重视单词的发音自然也就不了解发音的规则。发音规则是学习者掌握正确发音的重要前提，学习者掌握了发音规则就会在语音学习中有章可循；反之，没有发音规则的理论指导，学习者很难形成正确的发音。

（4）受地域影响而产生的方言对发音的影响也是不容忽视的。中国地域广阔，生活在不同地区的人会有不同的方言，这种地域的差异性会使一些学习者在英语学习过程中面临一些困难，在语音学习中会存在一些相对较难的发音，如 /l/、/n/、/s/、/v/、/w/ 等。

### 2. 词汇量

词汇量也是影响学习者听力水平的一个重要因素，词汇量的大小对学习者听力的理解程度具有决定作用。有研究表明，如果一篇对话中的生词超过

30%就会使听话者失去继续听下去的耐心和勇气。例如，美国和英国有时会用不同的词来表达相同的意思，"洗手间"美国用washroom，而英国则用toilet。如果学习者不了解英美两国在词汇上的区别，没有一定的词汇量，在听力过程中很难理解语篇的意思，听力水平自然得不到提高。

### （二）背景知识

背景知识对听力理解有极其重要的作用。巴克曼（Bachman）和帕默（Palmer）把背景知识称为世界知识，指应试者储存在长期记忆中的知识结构，它给人们提供了一个使用与现实世界有关的语言的信息基础，因此所有的语言运用都涉及背景知识的使用。具体来讲，背景知识可以是关于某种文化的综合知识或设想，或者是关于某一学科或几门学科的综合知识，也可以是与某一特定话题有关的知识。很多学者通过研究发现，特定的背景知识对于学习者完成与之相关的测试题目有很大的帮助，而对于听话者来说，熟悉的内容材料更有利于他们回述更多的信息。然而，听话者的背景知识并不是独立地发挥作用，而是需要与其他因素交互作用，共同影响学习者的听力水平。

### （三）听话者的记忆力与注意力

**1. 听话者的记忆力**

认知心理学认为听力的理解过程是一个由短期记忆、长期记忆和感知记忆组成的信息加工体系。感知记忆的作用是接受信息，一部分的信息会在其停留于感知记忆的瞬间而被识别，而在识别过程中，感知材料会与长期记忆中的信息产生联系，联系的结果就是语言编码。信息经过语言编码后可通过两个途径达到短期记忆：一种情况是经过识别的信息可直接进入短期记忆；另一种情况是当感知材料和长期记忆中的信息发生联系时，长期记忆中的信息也可以进入短期记忆。进入短期记忆的信息便是受到注意的信息，是可用语言表达的信息。很多学者的研究都表明，听话者的短时记忆能力对于他们听力水平的高低具有重要的影响，短时记忆好的听话者能够在听力过程中正确识别更多的细节性信息和概念性信息，他们往往具有更高的听力理解能力。

### 2. 听话者的注意力

由于注意力的程度很难观察，也很难量化，所以人们往往忽略了听话者的注意力对其听力水平的影响。鲁宾（Rubin）认为，在听力过程中，听话者的注意力会对他们的记忆力产生影响，进而会影响对整个听力材料的理解。认知心理学认为，人们对听力材料加工的过程有自动过程和控制过程之分。自动过程速度快，毫不费力；控制过程则加入了注意力方面的控制。在自动加工程度低的情况下，注意力往往成为控制因素。

## （四）学习方法与习惯

正确的学习方法和良好的学习习惯是提高学习效果的重要前提，在学习过程中，好的学习方法和习惯能够使学习者达到事半功倍的效果。

### 1. 学习方法

正确的学习方法能够提高学习者的听力水平，而错误的学习方法则不利于学习者听力水平的提高。在听力学习过程中，一些不合理的学习方法大大影响了学习者听的效果，因此要尽力避免。

（1）很多学习者在听的过程中过分追求听的数量。对于听力学习来说，一定量的听力训练是很有必要的，但部分学习者却主观地认为听力水平的高低完全取决于所听数量的多少。大量盲目的听力练习使学习者越听越糊涂，状态越来越差，最终失去学习的兴趣和信心。

（2）一些学习者没有合理地评估所选择的听力材料，认为听力材料的难度越大就越有利于听力水平的提高。这样不但不能提高学习者的听力水平，还会因为听力材料难度太大而使学习者产生挫败感，无法达到训练的效果。

（3）还有一些学习者忽略了自身的学习特点而完全模仿别人的学习方法，这是非常不可取的。别人有效的学习方法往往对自己并不适用，有的还会起反作用，影响学习效果。

### 2. 学习习惯

良好的学习习惯能使学习者在学习上更有优势，在英语听力学习中，好的学习习惯对于学习者听力水平的提高具有重要意义。为了提高英语听力水平，学习者必须养成以下学习习惯：

（1）学习者要养成随题做笔记的习惯。在听力训练或考试中，学习者听到的对话或文章都具有短时性，仅凭大脑很难在短时间内完整、准确地将全部信息掌握，这时就需要学习者将一些重点信息随时记录下来，在这些信息的提示下，学习者才有可能将全部信息串联起来，形成网络。

（2）学习者要养成对听力材料做合理预测的习惯。通常情况下，听力练习或考试都是以填空题、选择题或问答题等题型考核。题目中已给的信息必然会与将要听到的信息相关联，如果学习者在听之前先将所给信息浏览一遍，并在此基础上对将要听到的内容合理地预测，这样可以使听力过程更有针对性，极大地减小了听力的难度。

（3）在听力过程中，学习者不要试图听清每一个单词，要将重点放在对所听信息主要内容的把握上。如果学习者在听的过程中纠结于某一个单词的意思，势必会影响对后面信息的获取，这样就无法从整体上把握信息，因小失大。

### （五）情感因素

学习者的情感因素对其听力水平的高低也有着不容忽视的作用。

#### 1. 学习态度

态度决定一切，只有摆正态度才有可能达到预期的目标。英语听力学习是一个互动的过程，学习者的学习态度对于学习效果而言是相当重要的。学习者只有在积极参与到学习过程中，充分发挥自己主观能动性，才能克服畏难情绪，持续提高听力水平。

#### 2. 学习信心

信心是成功的重要前提。学习者如果在听力过程中存在畏难情绪，甚至在听力开始之前就给自己消极的心理暗示，一遇到难题就放弃，对自己没有信心，甚至怀疑自己听到的内容。所有这些信心不足的表现都不利于学习者听力水平的提高。

## 二、影响听的客观因素

影响听的客观因素主要有听力材料和环境因素。

### （一）听力材料

不仅听力材料的难易会影响听的效果，听力材料的类型也会对听话者的听力效果产生影响。概括来讲，听力材料可分为口头语材料、书面语材料、听觉材料和视觉材料。

1. **口头语材料和书面语材料**

听力练习中使用的材料多为书面语材料，虽然这些书面语材料可能代表了电视播音、无线广播等非测试环境下语言所使用的某些场景，但这并不能代表绝大多数的语言使用场景。书面语材料与口语材料有着本质的不同，一般口头语包含更多的填充语、冗余信息或者停顿，这些填充语和停顿为听话者加工信息提供了更多的时间，而冗余信息更是使听话者有机会对没有完全理解的信息进行再加工。

有学者研究发现：听力材料的口语化程度对听力效果具有重要的影响，口语化程度越高，听力的效果就越好。各种口语化程度不同的听力材料构成了一个"口头语言—书面语言"连续体，在这个连续体中所处的位置不同，材料的难度也就不同，但总的来说，口语化程度越高的材料难度越低。但无论选择何种难度的听力材料，都应考虑到听力练习的目的和目的语使用的情景，如此才能保证听力练习的效果。

2. **听觉材料和视觉材料**

大多数的听力材料在设计时都忽略了非言语信息在听力理解中的作用。有学者认为，典型的信息交流既包括言语信息的交流，又包括非言语信息的交流。人们可以通过语言形式本身进行理解，也可以通过辅助性的语言特征（如语气、语调、音高、重音等）帮助理解，还可以通过非言语信息进行理解。说话者所有的身体动作都属于身势语行为，这种行为可以帮助听话者识别接续的听力材料，并将其切分为若干语块做有效加工。然而现在的听力练习采用的都是音频录制的听力材料，听话者无法从中获取非言语信息的帮助，所以为了弥补视觉信息的缺陷，纯音频的听力材料在言语表达上往往要比实际生活中的口头语更加清晰。非言语信息是口头交流的一个重要方面，因此在听力练习中采用视频媒体来增加这类信息是很有必要的，但是这一构想还有待于研究。

（二）环境因素

听力练习对环境和条件都有一定的要求，但在我国有很多院校都存在语音教室短缺的情况，并且由于受到课程时间的影响，很多院校对学生听力能力的训练并未引起足够的重视，大多数学生缺乏训练听力能力的硬件条件，以至于影响了对他们听说能力的培养和训练。

此外，中国的英语教育现状使得学习者听到纯正英语的机会少之又少，学习者缺少了英语的语言环境，听力能力自然很难提高，再加上受到地域和方言的部分影响，部分学习者的发音不准，而学习者在语音、语调、单词发音方面的不足会造成他们在听力方面的障碍，很难准确理解甚至根本听不懂听力材料。

## 第三节 高校英语听力教学的内容与目标

大学英语听力教学是我国英语教学的重要组成部分，对于人才的培养有着重要的影响和作用。下面对其内容与目标进行分析，从而为英语听力教学指明方向。

### 一、大学英语听力教学的内容

在现阶段的大学英语听力教学过程中，应该包括听力知识、听力技能、听力理解和逻辑推理四个方面的内容。

#### （一）听力知识

听力基础知识是学生英语听力技能培养与提高的基础，主要包括语音知识、语用知识、策略知识、文化知识等。

语音教学是听力教学的重要内容。在实际的交际过程中，同一个句子会在发音、重读、语调等的变化中产生不同的语用含义，表现出交际者不同的交际意图与情感。在听力教学过程中，使学生掌握英语的发音、重读、连读、意群和语调等语音知识对学生语音的识别能力和反应能力的提高有积极的促进作用。同时在教学过程中，教师还应对学生进行听音、意群、重读等方面的训练，训练内容既要包括词、句，也要包括段落、文章，使学生熟悉英语的表达习惯、节奏,适应英语语流,从而为学生提高听力理解打下坚实的基础。这种训练还能在无形中培养学生的英语思维方式,促进其二语习得能力的提高。

听力知识还包括语用知识、策略知识、文化知识,这些知识的科学教学也是提高学习者英语听力能力的重要手段。其中语用知识的学习能够帮助学生理解话语内涵,增加其对话语的理解程度;策略知识的学习能够帮助学生依据不同的听力材料和听力任务进行策略选择,从而提高听力的针对性;文化知识的学习对于学生日后英语的跨文化交际有着积极的促进作用,有利于不同文化背景下交际的顺利进行。

### (二)听力技能

英语听力技能的教学能够提高学生英语听力的科学性与针对性。对于技能和技巧的合理运用,能够为跨文化交际水平的提高打下基础。

#### 1. 基本听力技能

听力技能主要包括以下几项内容:

(1)辨音能力。听力中的辨音能力指的是使学生了解音位的辨别、语调的辨别、重弱的辨别、意群的辨别、音质的辨别等。这种辨音能力的训练不仅能提高英语听力进行的有效度,同时对学生理解能力的提高也大有裨益。

(2)交际信息辨别能力。交际信息辨别能力主要包括辨别新信息指示语、例证指示语、话题终止指示语、话轮转换指示语等。交际信息的辨别能够提升听力的有效性和针对性,提高学生对话语的理解效率。

(3)大意理解能力。大意理解能力主要包括理解谈话或独白的主题和意图等。大意理解能力的提高为学生在整体上把握话语内容做好了铺垫。

(4)细节理解能力。细节理解能力是指获取听力内容中具体信息的能力。在英语学习和考试过程中,细节的理解能力的增强能够帮助学生提升做题的准确度。

(5)选择注意力。选择注意力是指根据听力的目的和重点选择听力中的信息焦点。针对不同的听力材料,进行注意力的选择训练十分重要,这种练习有助于学生把握话题的中心。

(6)记笔记技能。记笔记技能是指根据听力要求选择适当的笔记记录方式。掌握良好的记笔记技能可以提高英语听力记忆的效果。

教师应该了解听力水平并不是一朝一夕便可以提高的，需要教师循序渐进地进行针对性教学工作。不同的学生有着不同的学习习惯和学习特点，教师需要因材施教，特色教学。

2.听力技巧

听力技巧主要包括猜词义、听关键词、听过渡连接词、预测、推断等。掌握正确的听力技巧，可以事半功倍并有效提高听力理解的能力。例如，在与他人交际或听语音材料时，学生可以根据上下文或者借助说话者的表情、手势等猜测出生词的含义，从而促使交际顺利进行，或顺利理解语音材料。因此，训练听力技巧的各种听力活动也是听力教学的必要内容。

（三）听力理解

英语听力知识的学习与听力技能的教授是为英语听力理解服务的。语言由于使用目的、交际者等因素的作用会带有不同的语用含义，因此对话语的正确理解成了英语听力教学中的重点和难点。教师在听力理解的教学过程中，应该使学生懂得如何从对字面意义的理解上升到对隐含意义的把握，继而提高英语的综合语用能力。具体来说，英语听力理解主要包含以下几个阶段：

（1）辨认。辨认主要包括语音辨认、信息辨认、符号辨认等方面。尽管辨认处于第一个阶段，属于第一层次，但却是后面几个阶段开展的重要基础，如果学生无法辨认听到的内容，那么理解也就无从谈起。

辨认有不同的等级，最初级的辨认是语音辨认，最高级的辨认则是说话者意图的辨认。教师可以通过正误辨认、匹配、勾画等具体方式训练和检验学生的辨别能力，如根据听到的内容给听力材料的句子排序。

（2）分析。分析要求学生能将听到的内容转化到图、表中去。这个阶段要求学生可以在语流中辨别出短语或句型，以此对日常生活中的谈话内容有大致的理解。

（3）重组。重组要求学生用自己的语言将听到的内容以口头或书面的方式表达出来。

（4）评价与应用。这是听力理解的最后两个阶段，要求学生在前面三个阶段即获得、理解、转述信息的基础上，能够运用自己的语言对所获得的信息进行评价和应用。在实际教学中，可以通过讨论、辩论等活动进行问题解决。

以上这几个阶段是一个循序渐进的过程。任何级别的听力学习都必须经历由辨认到分析再到应用的一系列过程，然后听力才能逐步得到提高。

### （四）逻辑推理

除听力知识、技能和理解以外，语法和逻辑推理知识也是正确判断和理解语言材料的必要条件。因此，现代英语听力教学必须重视对学生语法知识的巩固和逻辑推理的训练。例如，以下四句话都是关于 Marshall 的，学生可以利用自己的语法知识和一定的逻辑推理能力对 Marshall 的职业进行推断。

（1）Marshall was in the bus on his way to school.

（2）He was worried about controlling the math class.

（3）The teacher should not have asked him to do it.

（4）It was not a proper part of the janitor's job.

听到（1）时，学生可能认为 Marshall 是个学生。而从（2）判断，Marshall 应该是教师。但是（3）又推翻了这一判断。直到看到（4），学生才知道 Marshall 原来是学校的勤杂工。在推断 Marshall 职业的这个过程中，没有一定的语法基础和逻辑推理能力是无法顺利得出正确结论的。

## 二、大学英语听力教学的目标

大学英语听力教学对于英语人才的培养有着重要的影响。在教学过程中，教师需要以《大学英语课程教学要求》为其纲领性文件，规划教学的方向与目标。在《大学英语课程教学要求》中，英语听力教学主要分为三个教学目标：

（1）一般要求

①能运用基本的听力技巧。

②能听懂日常英语谈话和一般性题材的讲座。

③能听懂语速较慢（每分钟 130~150 词）的英语广播和电视节目，能掌握其中心思想，抓住要点。

（2）较高要求

①能听懂英语谈话和讲座。

②能基本听懂用英语讲授的专业课程。

③能基本听懂题材熟悉、篇幅较长的英语广播和电视节目,语速为每分钟 150~180 词,能掌握其中心大意,抓住要点和相关细节。

(3) 更高要求

①能听懂英语国家人士正常语速的谈话。

②能听懂用英语讲授的专业课程和英语讲座。

③能基本听懂英语国家的广播电视节目,掌握其中心大意,抓住要点。

通过对大学英语听力教学目标的列举可以看出,英语听力理解和知识运用能力是英语听力教学的重要关注点。听力教学过程应该合理安排教学活动,切实提高学生的英语听力能力。

## 第四节 高校英语听力教学的新方法

英语听力教学只有以科学的方法作为指导,才能提高教学的有效性。随着教学改革的发展,对听力教学的新的研究方法也层出不穷。大学英语听力教学是一个循序渐进的过程,因此在教学过程中,教师需要根据具体的教学条件、学生素质选择相应的教学方法。大致来说,听力教学主要可分为初级阶段和高级阶段。初级阶段主要关注的是学生的听力知识和听力学习的兴趣,高级阶段主要是教授学生听力技能。下面分别对这两个阶段所能使用的听力方法进行总结。

### 一、初级阶段教学方法

在英语听力过程中,语音是重要组成部分,甚至可以说是听力活动进行的前提。因此,在初级阶段的听力教学过程中应该重视语音的影响,对学生的听音、辨音能力进行培养。

#### (一) 单词辨音

听力中辨音能力的培养是以学生的词汇掌握能力为基础的。学习者掌握的词汇数量和质量直接决定着对听力中单词的理解程度,因此听力教学中也要重视对学生词汇的教学。

教师可以通过单词辨音的方式增加学生对词汇的感知程度，从而培养自己的英语语感。例如，在进行词汇学习过程中，教师可以将发音相似的单词进行组合，让学生进行听音与辨音的练习，从而判定单词中是否含有相同的音素。单词辨音也需要一定的过程，教师可以先从学生熟知的单词入手，进而扩大到学生未学习过的较为复杂的英语单词。这种难度不断加深的判断过程，能够在一定程度上加深学生对单词的理解和应用程度，增加听力教学的有效性。

### （二）句子辨音

句子是英语听力实践过程中的基本组成单位，因此交际者对句子的理解程度影响着交际能否顺利进行。在听力教学过程中，需要重视句子对交际的影响作用，培养学生对句子的理解能力。对句子中单词进行辨音的练习也是培养学生英语语音的重要方法。例如，教师可以改变句子中的个别单词，让学生通过听力的方式判断句子中新旧单词的发音是否相同。

Peter has a ship → Peter has a sheep.

Are there bananas？ Yes, there are. → Are they bananas？ Yes, they are.

上述列举的两个例子中，只是简单改变了几个单词，学生需要对英语单词有一定的认知才能发现句子的差异。这种以句子练习来展开听力教学的方式能够提高听力教学的有效性，增加学生对句子的感知程度。

### （三）听音默写

听力训练过程中使用听音默写是十分有效的方法。听音默写的过程需要学生展开一系列的认知活动。

（1）语音识别。

（2）将听到的语音与脑海中相应的、代表语义的语音对比。

（3）对单词做正确的书写。

在听音默写的过程中，学生不仅锻炼了自己的听力，同时还加深了对单词的印象。这种方法的适用范围较广，不仅能够进行单词的听音默写，对句子、短文也同样适用。在这个过程中，学生需要集中注意力，搜寻自己脑海中的英语知识，最终产生正确的形式。

听音训练的方式是多种多样的，学生可以在教师的朗读下进行听音训练，也可以借助不同的多媒体如录音等。默写也可以采用不同的题型，如听音判断、听音填空、听音完成句子、听音选择、听音回答问题等。为了不影响学生学习英语的气氛，听写练习最好在巩固课、复习课或综合课的巩固教学环节进行。要限制听写时间，讲究检查方法，掌握听的效果，培养学生自学自检的习惯。

## （四）行为反应

听力实践过程中需要交际者对不同的信息做灵活的反应，从而保证交际的顺利进行。在听力教学过程中，通过行为反应的方式锻炼学生的听力能力，对日后的交际有着重要的影响。

行为反应主要用于培养学生的信息理解能力。该活动要求学生听后根据听到的信息做出相应的行为反应。例如，根据指令 turn left/right, lift your left/right hand, go forward/backward 等做出相应动作，或者根据 put the dictionary on the shelf 等指令把东西放到适当的位置等。

## （五）听音匹配

匹配包括图片匹配和文本匹配，可以用于听之前、听的过程中或听之后。用于听力活动之前一般是为听力做语言方面的准备。如果是在听的过程中，则可以要求学生听后匹配，以培养学生的信息识别能力。

## （六）补充信息

在听力训练过程中，补充信息的方式也是培养学生听力思维的重要方式。教师可以选择一定的文本类型作为听力材料，如书信类、通知类等，然后通过补充信息的方式锻炼学生的实际操作能力。需要注意的是，在文本的选择上应该注重实用性，选取和学生生活息息相关的文体类型，从而提高学生的学习兴趣。

这种听力练习方式集听、写、练于一体，因此是一种综合性的活动，能够丰富学生的听力实践，锻炼其临场反应能力。

## （七）图表填充

图表的形式多种多样，可以是程序表、节目单、菜单等真实性的表格，

也可以是根据对话内容制定的其他表格,如呈现不同人物爱好的表格或呈现不同活动时间的表格等。例如:

Listen to a short passage and fill in the following form.

Mary is a seven-year-old girl, and she will enter primary school this September. She loves music very much. In her spare time, she usually plays the piano. She has been practicing piano for two years. Paul, three years older than Mary, is Mary's brother. He is a very naughty boy and often plays football.

Key:

### (八)排序练习

排序是常见的听力活动,可以帮助学生提高识别和理解能力。排序包括多种形式,可以根据活动的时间顺序排序,可以根据故事中事件发生的先后顺序排序,可以根据操作步骤排序,还可以根据信息在录音材料中出现的先后顺序排序。

### (九)听声观影

由于英语是我国的第二外语,同时在英语使用上缺乏相应的语言环境,因此学生对于听力的兴趣并不高。而学习兴趣对于教学效果的影响作用十分大,因此在听力教学过程中调动学生兴趣成了提高听力课堂教学效果的重要手段。"听音观影"的方式是一种常见的提高学生听力理解兴趣的手段。

教师可以选择一些由英语本族语者录制的音像材料,如外国电台的广播节录、讲演、报告的节录等,让学生做听音练习。这种练习既可以培养学生通过听觉吸收新材料的能力,又可以培养学生听懂正常语速外语连贯言语(独白言语)的能力。教师可以按照以下步骤来安排教学:

(1)让学生分段听标准录音(或唱片)。

(2)在听的过程中记下生词,听后通过查阅词典找出适合上下文的词义和相应的形式。

(3)重放录音1~3遍,学生边听边跟着重复。

(4)通过口译成汉语、用外语回答问题、转述等方式检查学生理解的程度。

此外,教师还可以在听音前发给学生生词表,扫清学生听音过程中的障碍，以便学生在听音时将注意力完全集中于所听的内容。放听时是否需要分段，取决于有声材料的长短。

观看英文原声电影也是提高学生语感与听力水平的重要途径。教学电影、录像一般都取材于原版音视频资料。因影片中既有解说词，又有人物间的对话，所以这种练习可同时训练听独白言语和对白言语（对话）。教师可以按照以下步骤来安排教学：

（1）听影片解说的独白和对话的录音（事先对影片原版录音经过转录处理，去掉不必要的音响和其他杂音）。

（2）讲解听录音过程中发现的生词。

（3）初看影片。

（4）教师向学生提出启发性（也是检查性）的问题。

（5）重看影片2~3遍。

（6）检查理解，可采用就影片内容回答问题、分段转述、匿谈等方式。

听力课堂的时间往往是有限的，只依赖课堂教学提高学生的听力能力是不够的，教师还应鼓励和指导学生在课下多听英语新闻。听英语新闻不仅可以锻炼学生的英语听力水平，也可以让学生了解国内、国际大事，拓宽视野。学生听英语新闻时，不需要对一切信息都准确地把握，只需要关注自身感兴趣的东西即可。此外，学生在听英语新闻时心理上是轻松愉快的，没有任何压力和包袱，这样比课堂上带着任务听的效果要好。

上述各种听的练习形式及具体的方法步骤都不是一成不变的，教师应结合教学实际灵活运用，不断创造新的形式和方法。

## 二、高级阶段教学方法

初级阶段的教学方法着眼于提高学生对英语语音的熟悉程度，而高级阶段的教学方法则以提高学生听力技能为目的。一般来说，教师可以通过以下六个方面的专项训练来帮助学生提高实际的听力技能。

### （一）听前预测

预测是听力理解过程中的重要一环，教师在听力教学之前要教会学生进行听前预测，即在做每个小题之前快速浏览题目及选项，捕捉信息，预测内容。

学生通过预览可以事先掌握一些数字、人名、地点之类的特别信息，并可以预测要听到的句子、对话或短文的内容。例如，针对交际类的内容，要让学生先弄懂答语的意思，再预测可能要问的问句，根据答语找问句。针对阅读类的内容，让学生先根据问题预测短文涉及的内容，听前先找到听力的着重点。下面我们试着分析一个题目的四个选项。

A.In the restaurant.　　B.In the library.
C.In the dormitory.　　D.In the classroom.

在快速浏览了这四个选项后，学生大致可以预测到这问题是考查对话有关场所的。学生有了这种预测，心理上便有所准备，于是在听问题时就会对有关场所的词语特别注意。

M: I'm exhausted today. I've been here in the classroom all day reading and doing my homework. What about you?

W: Not too bad. But I'm hungry now. Let's go to the restaurant, shall we?

Q: Where does this conversation take place?

当学生听完听力材料后，发现该题果然是与场所有关的，但是材料中却出现了两个地点，classroom 和 restaurant，不过提到 restaurant，用的是介词 to，表示方向，于是学生就可以排除这个干扰项，得出正确答案 D。

（二）词义猜测

在听力实践过程中，交际者往往不能听清每一个单词，因此需要通过词义猜测的方式进行句意理解。

针对这种情况，在教学过程中，教师首先需要告诉学生这种情况是经常发生的，同时对学生进行鼓励，从而保证学生听力的积极性。教师还需要教授学生一些词义猜测的技巧，以帮助学生理解句意。

通常情况下，凡是重要的信息都会在下文中通过重复、解释、举例或对比等方式进一步强调，不重要的信息一般只提一次，所以一些不重要的信息即使没有听懂也不必过于紧张。如果后续的听力材料再也没有对它重复，那么我们完全可以放心地将它忽略。如果后文对它做了解释、对比、举例等补充说明，则可以断定它属于可以帮助理解全文的重要信息，这时我们可以利用上下文来猜测。

例如，听到"Cetaceans are obviously mammals"这个句子时，学生只能确定 cetaceans 是哺乳动物，但不能确定 cetaceane 到底是什么动物，这时教师要引导学生继续往下听。"As the ancestor of modern whales, they are of great interests to many scientists."听完这句话，从 ancestor of modern whales 很容易判断 cetaceans 是鲸类动物。如果听到第一句话就把思路停留在那里，势必错过第二句话，也就无从猜测和判断 cetacean 的含义。

## （三）要点抓取

很多听力水平不高的学生，在听力练习中习惯将注意力平均分配在每个单词上，从而造成精力分散，无法从整体上把握句子的重点。因此，听取信息时应该有所侧重，即要听主要内容和主题问题，捕捉主题句和关键词，避开无关紧要的内容。教师在听力教学中应该向学生灌输抓主旨的思想，并经常训练学生抓听要点的技巧。例如：

M: Is there anything I can do for you, Madam?
W: I'd like to see some bed linen, please.
Q: Where is the conversation probably taking place?
选项：
A. In a hotel room.
B. At a department store.
C. At a supermarket.
D. In a lost and found department.

这段听力材料中，学生听到一句反映职业特点的重要句型 Is there anything I can do for you 和一个关键词 bed linen。听完问题之后，学生很快就可以从四个选项中选出正确的答案 B。

## （四）笔记记录

有一些听力材料较长，同时选项中存在很多的干扰项，这时仅靠大脑的短时记忆无法掌握全部的信息。学生可以采取边听边做笔记的方式记忆，从而保证听力的质量。

在教学过程中，教师可以教授一些有效的听笔记记录方法。笔记不可能也没有必要记得很完整，因此教师要教会学生使用一些通用的符号或缩写把与题干有紧密联系的信息记下来，如时间、地点、数量、年龄、价码等数字和关键词。当然学生也可以建立自己的符号和缩写体系。下面通过具体的例子来介绍记笔记的方法和技巧。

M: Hello, International Friends Club. Can I help you ?

W: Oh, hello. I read about your club in the paper today and thought I'd phone to find out a bit more.

M: Yes, certainly. Well, we're a sort of social club for people from diferent countries.It's quite a new club. We have about 50 members at the moment, but we're growing all the time.

W: That sounds interesting. I'm British actually. And I came to Washington about three months ago. I'm looking for ways to meet people. Er, what kinds of events do you organize ?

M: Well, we have social get-together, and sport events. And we also have language evenings.

W: Could you tell me something about the language evenings ?

M: Yes. Every day except Thursday we have a language evening. People can come and practice their languages. You know, over a drink or something. We have diferent languages on diferent evenings. Monday-Spanish; Tuesday-Italian; Wednesday-German; and Friday-French. On Thursday we usually have a meal in a restaurant for anyone who wants to come.

W: Well, that sounds great. I really need to practice my French.

M: OK. Well, if you can just give me your name and address, I'll send you the form and some more information. If you join now, you can have the first month free.

这段对话较长，信息比较繁杂，完全记录下来是相当困难而且也是没有必要的。因此，事半功倍的办法是做好笔记。下面是一个笔记的范例。

1-S（Monday-Spanish） 2-I（Tuesday-Italian）

3-G（Wednesday-German） 5-F（Friday-French）

此外，还可以使用中文将其记录为：1—西，2—意，3—德，5—法。而对话中的 on Thursday we usually have a meal in a restaurant for anyone who wants to come 这句话，只要能抓住关键词 Thursday 和 a meal 就可以把握其主要信息。这一信息可记录成 4—meal。这样学生在答听力问题时，只需参考自己所做的简要记录，就可以比较容易地选出正确答案。

### （五）语速适应

很多学生在阅读听力材料的文本时没有困难，但听起来却十分地吃力，这是由于他们长期停留于慢速阅读，朗读速度不过关或者说跟不上正常的朗读速度，所以在听力上就表现为不能适应较快的语流（speech flow），特别是连贯的言语（parole）。还有一些学生陷入听一个字翻译一个字、听一个词组翻译一个词组的听力模式中不能自拔。这在听力训练的初期是可以的，但如果形成这种听力惯性，则对今后的听力提高极为不利。因此，要将学生从慢速（slower speed）逐渐过渡到正常速度而且还需向快速（fast speed）方向发展，便成为听力提高的关键环节，只有突破这难关，才能适应现实生活中与英美人交际的需要。对此，教师可以采取以下几个策略：

首先，要求学生养成朗读的习惯，但必须注意语音正确、吐字清晰、意群完整。然后再由慢速到中速，从中速至快速地朗读直到流利的程度。

其次，对有一定基础的学生可以建立阅读训练中的"倒连法"，即从一个句子的后面词汇往前一个意群一个意群地连读，直到读得相当流利为止。例如，She likes to listen to records and play the instruments. 先读 the instruments 三遍，再读 play the instruments，然后再与前面的 listen to records and 连起来读，即 listen to records and play the instruments 的谓语 likes to 和主语 She，读完整句。这种方法坚持一段时间之后，学生的朗读速度都能有明显的提高。

最后，教师要鼓励学生勤学苦练，变被动为主动。长此以往，语流就会变得相对流畅，继而也就不难跟上听力材料的语速了。

### （六）细节把握

在听力训练中，要对问题中的重要细节给予适当关注，因为有的时候仅仅从提问的方式就可以判断出正确的选项。这些问题中的细节往往与五个 W（when，where，why，who，what）有关，抓住了它们就抓住了英语听力的关键要素，就能准确理解听力的内容。例如：

W: John, I called you yesterday evening, but you were not in.

M: I went to the cinema with a friend of mine.

Q: Can you tell me where John went?

选项：

A.He went by car.

C.He went last night.

B.He went to the cinema.

D.He went with Anne.

这段材料中，所提的问题是 where 而不是 when，how 和 who，那么学生在听到问题之后就可以很快地从四个选项中判断出正确的答案是 C。

# 第六章 高校英语阅读教学改革

## 第一节 体裁教学法及应用

### 一、体裁的内涵

体裁是文学和修辞学常用语，最早是被文学家正式引进语言学研究领域的。国内语言学者对 genre 一词有不同的翻译，有的翻译成语类，有的翻译成语体等，本节采用最普遍的一个译名——体裁。

斯韦尔斯在 ESP（English for Specific Purposes，专门用途英语）中第一次使用"体裁"一词是在 1981 年。他认为，体裁是包括具有共同交际目的的一组交际事件，巴提亚在此基础上又做进一步阐明。秦秀白对巴提亚的定义做了较为详尽的总结，有以下四点：①体裁是一种可辨认的交际事件，这种交际事件常出现在特定的职业或学术社团，其显著特点是具有能被该社团确认和理解的一整套交际目的。可见，交际目的是区分语篇体裁最重要的标准。②体裁不是一般的交际事件，而是一组内部结构特征鲜明，高度约定俗成的交际事件。③建构语篇时要遵循某种特定体裁所要求的惯例，因为体裁对语篇的建构具有约定俗成的制约力。④尽管体裁有其惯例和制约性，内行人仍可在体裁规定的框架内传达个人的意图或交际目的。

总体上看，近年来体裁研究和体裁分析分为两个主要学派：斯韦尔斯学派和澳大利亚学派。澳大利亚学派的学者们在系统功能语言学的框架内研究体裁，对体裁有着不同于斯韦尔斯学派的解释。哈桑认为，体裁是语篇的类型，体裁的确定主要取决于语场。在她看来，体裁、语域和语篇类型三个概念似乎可以交换使用。而马丁对体裁的定义和看法不同于哈桑，他同意韩礼德关于体裁与语场、语旨和语式有关的看法，但他认为体裁与这三个变量配置所产生的总体目标密切相关。在马丁看来，体裁是一种有步骤的、以交际目的为导向的社会过程。马丁认为，语域和体裁本身都是隐含符号系统，语域是情景语境，包含语场、语旨、语式三个变量；体裁是文化语境，由语域实现，语域又由语言实现。由上述陈述不难看出，两个学派对体裁的界定本质上是一致的，其共同之处体现在以下几个方面：①两者都认为交际目的决定体裁的存在，有什么样的交际目的就有什么样的体裁。②他们都强调体裁的常规性和制约性，认为体裁是语言使用者共同遵守的、程式化的社会交往工具，具有重复性和习惯性，其基本原则不能被随意改动。③同一体裁的语篇之间存在差异性。比如，学术论文的摘要部分通常由六个要素构成，即主题阐述、背景信息、目的陈述、方法论和语料、研究结果发现和研究所带来的启示或结论。但也并非每个论文摘要都包含这六个要素，有些如最后两个要素是可以不出现在摘要中的，但你不能因此说它不是摘要。巴提亚也指出了两个学派关于语域理论的共同之处，如体裁是可以辨认的交际事件，是高度结构化和规约化的建构，特定职业社团中的内行人比新成员或圈外人士更懂得体裁的使用，所有的体裁都有其自身的完整性等。

## 二、体裁教学法概述

体裁教学法建立在语篇的体裁分析基础上，把体裁和体裁分析理论自觉地运用到课堂教学中去，围绕语篇的图示结构开展教学活动。体裁教学法的目的有以下三点：①让学生了解不同体裁的语篇有不同的交际目的和篇章结构；②让学生认识到语篇不仅是一种语言建构，还是一种社会的意义建构；③让学生既掌握语篇的图示结构，又理解语篇的建构过程，从而帮助学生理解或写出某一体裁的语篇。

秦秀白认为，体裁教学法在国外有三个流派：① ESP 和 EAP 领域的体裁教学法。体裁教学法在 ESP 和 EAP（English for Academic Purposes，学术英语）领域内十分流行。从事这方面教学和研究的人认为，通过对专门用途英语语篇进行体裁分析，可以引导学生掌握语篇谋篇布局的机制及其文体特征。在进行分析时，斯韦尔斯学派常把语步和步骤作为语篇分析的出发点。②新修辞学派的体裁教学法。新修辞学派指在北美从事修辞、作文研究和职业写作教学的一批学者，他们推崇体裁教学法是为了帮大学生和从事某一职业的新人了解特定体裁的社会功能和它的使用场合。这一流派对传统的 ESP 和 EAP 教学产生了很大影响。③澳大利亚学派的体裁教学法。在澳大利亚，体裁教学法主要用于中小学的写作教学。在实施过程中，教师和学生共同参与一系列的教学活动，以便帮助学生掌握特定体裁的语篇图示结构，从而指导以后的写作实践。

运用体裁教学法来教授阅读的目的是引导学生对特定体裁的语篇结构进行分析，并将体裁分析运用于阅读理解活动之中，从而提高阅读速度和效率。其主要教学步骤如下：

**体裁分析**：通过实例讨论新闻报道这一体裁的"图示结构"。

**模仿分析**：给学生第二篇新闻报道，让其按上述原则进行分析。

**小组讨论**：给学生第三篇段落打乱的新闻报道，让学生按这一体裁的图示结构把它正确排序，组成连贯的语篇。

**独立分析**：让学生自己找一些此类体裁的语篇来分析和评价。

**深入分析**：分析这一体裁的语言和风格。

**模仿写作**：通过写作使学生更深刻地体会到这一体裁的结构特征和语言风格。

## 三、体裁教学法在大学英语阅读教学中的应用

在英语阅读教学中，使学生了解并掌握不同体裁的文章有着不同的交际目的，因而有不同的语言和结构特征，会使他们在再次接触到同类体裁的文章时更自信地投入阅读中，并且，大脑中储存的相关"图示结构"使得他们很快地抓住文章的结构特征和中心思想，最终达到提高其阅读理解能力和阅读速度的目的。例如，在讲解议论文、说明文时，用"一般—特殊型"和"问题—解决型"分析模式，在讲解记叙文时运用叙事结构模式，会有助于学生认识和了解语篇结构。一旦掌握了语篇结构，就等于把握了整篇文章的命脉，在

阅读过程中就能成功地预见接下来的内容，也就能提高他们的阅读速度和阅读理解能力。下面就尝试用体裁教学法来教授上海外语教育出版社出版的《泛读教程1》中的一篇传记类文章。在实际教学中一步步按照斯韦尔斯学派所提出的阅读教学模式，而且针对实际情况有所改动。这篇课文以时间顺序介绍了牛仔裤发明者李维·斯特劳斯的一段生平及他所创办的公司的发展情况。教学步骤如下：

导入：教师通过几个简单的问题让学生对牛仔裤的发明者产生兴趣。

体裁分析：在说出传记这一体裁之前，教师引导学生回答一些简单的有关该体裁的大体结构和语言特征方面的问题，使学生在头脑中有这种体裁的"图示结构"。

阅读语篇并分组讨论分析该语篇。在这一环节，教师让学生给段落标上序号，找出表示时间的词和短语，分析该传记的语言特点和交际目的。

教师对学生的讨论进行总结：这篇文章共9个自然段，按时间的先后顺序记录了李维·斯特劳斯所创办的公司的发展情况。整个语篇在时间上有非常清晰的先后顺序，读起来一目了然。传记类体裁的语言浅显易懂，也不乏对所传之人的溢美之词。此种语言使用主要考虑到此类体裁语篇的交际目的即让读者很快了解所传之人的不凡成就和光辉业绩。

模仿分析：发给学生第二篇亚伯拉罕·林肯传记类文章，让他们按上述步骤进行分析。

小组讨论：发给学生第三篇段落打乱的里根传记类文章，让学生把它正确地排序，组成连贯的语篇。

独立分析和模仿写作：让学生在课下自己找一些传记类文章来分析和评价，并结合自己的现实生活写一篇关于自己亲戚、朋友或自己本人的传记，使他们更深刻地体会到这一体裁的结构特征和语言风格。

运用体裁教学法进行英语阅读教学，能使学生掌握相对稳定的、可以借鉴的语篇模式，从而增加其阅读同类体裁语篇的信心和提高其阅读理解能力及阅读速度。但由于现实生活中体裁种类繁多，课堂教学难以一一呈现，使得体裁教学法在英语阅读教学中的运用存在一定的局限性。但是，我们仍然可以通过此教学法使学生了解并掌握特定体裁语篇的"图示结构"、语言特点及其交际目的，帮助他们更好地理解符合特定体裁的语篇，从而提高他们的阅读速度和增强他们的阅读理解能力。

# 第二节 任务型教学法及应用

## 一、任务型教学法概述

任务型教学法于20世纪80年代在世界语言教育界兴起，多应用于英语语言教学中。在教学活动中，英语教师根据本节课程特定的交际项目，设计出具体的任务，要求学生通过不同形式的语言活动来完成任务，最终达到学习和掌握英语语言的目的。任务型教学法适合应用在大学英语的阅读教学中，它最大的特点就是学生在完成任务的过程中既可以对新学习的知识进行理解和运用，又可以对曾经学过的知识进行巩固复习，从而实现了新旧知识的衔接，培养了学生分析阅读材料的能力。

## 二、任务型教学法的优点

任务型教学法在英语阅读课堂教学的应用有其独有的特征及优点，这些都是传统英语阅读课所不能比拟的。在课堂上，教师布置任务要求学生合作完成，这有助于培养学生的合作精神和人际交往能力，激发学生学习英语的兴趣。在完成任务的过程中，学生的语言知识与语言技能相互结合，有助于培养学生综合的语言运用能力。每个学生都有需要完成的任务，这也会培养学生独立思考的能力，启发他们的想象力和创造性思维，养成良好的学习习惯。

## 三、任务型教学法在阅读教学中的应用

《大学英语教学大纲》对大学生英语阅读能力方面的要求是：能顺利阅读并正确理解语言难度中等的一般性题材的文章，掌握中心大意，了解中心

大意的事实和细节，能根据听读材料进行一定的分析、推理和判断，了解作者的观点和态度。除此以外，大纲还对大学教师提出要求：大学英语教学应帮助学生掌握良好的语言学习方法，始终注重阅读能力的培养。在大学英语阅读教学中如果融入了任务教学法，则可以打破传统英语阅读的教学习惯，为大学英语阅读课堂注入新鲜的血液。

英国语言学家简·威利斯认为，任务型的课堂教学可以分为三个步骤：前任务阶段、任务循环阶段及语言聚焦阶段。依据我国现阶段的大学英语教学情况，可以利用简·威利斯的分类步骤将其分为阅读前任务、阅读中任务及阅读后任务三个步骤。

### （一）阅读前任务阶段

英语教师可以在阅读前布置阅读任务，即教师引入任务阶段。本阶段的重点是在介绍此次阅读任务要求的同时对学生提出完成任务的几个基本步骤。在此阶段英语教师还应该简要介绍相关的文化背景知识，适当呈现相关的语言知识点。

### （二）阅读中任务阶段

阅读中的任务布置是核心部分。教师可以设计出几个小任务，任务形式可以多样，既可以是问题回答，也可以是报告形式，还可以布置表演、辩论等。要求学生通过合作完成阅读任务，在完成任务的同时要尽其所能运用到曾经学习过的语言常识，同时结合本节课堂的知识点有所创新。此阶段是让学生在任务的驱动下进行语言知识的学习，同时进行技能训练。教师可通过组织学生完成各项任务，在完成任务中学习，在动手中练习，在实践中巩固知识，使课堂阅读教学产生事半功倍的效果。此阶段实施过程中，教师应注意自身角色的定位，在学生开展任务活动中，教师要充当监控者的角色，让学生独立完成任务，同时教师要注意观察学生在活动过程中是否出现不合要求或是无从下手的情况，并加以引导。

### （三）阅读后任务阶段

学生阅读后可以展示完成任务的情况，形式也可多样化，比如汇报、表演、讲述等，英语教师此时可以进行总结对比。这一过程属于课堂教学的反思环节，教师既可以对学生任务完成的情况进行评价，同时也可以让学生了解任务型教学模式的特点。教师可根据学生完成的情况及存在的问题对阅读课文进行适当的语言讲解及点评。此外，本阶段还应该融入一些其他的相关阅读练习，用以巩固阅读方法。在整个任务型教学过程中，要注意的是任务完成后的评价必不可少，教师要及时、恰当地对学生的任务成果做出评价。

## 四、任务型教学法的应用效果及其存在的问题

### （一）应用效果

在实际教学过程中，任务型教学法体现出了诸多优越性。首先，它能使大学英语阅读学习更为系统化，将多个知识点串联起来，以任务的形式布置给学生，克服了以往知识点零散、学生不易接受的缺点。在试行了一段时间以后，学生明显感觉知识点掌握较以往牢固，原因是知识点有机结合之后，很容易在学习过程中相互联系和影响，让学生在掌握一个知识点后，能够有机地联想到另一个知识点，从而完成共同记忆的过程。

其次，任务型教学法也能提高教师的备课效率和质量。在以往的教学中，教师往往只针对某一篇文章或某一个段落进行备课，在知识点的总结和整理过程中无法做到把握大局。而实施任务型教学法后，教师能够通过分析任务，整体把握各个知识点的要求。同时，知识点的关联使得教师能够发现以往无法发现的细节问题，如相关知识点的对比等，从而细化备课过程，提升备课质量。

### （二）存在的问题

当然，任务型教学法也存在一些问题，较为突出的就是教学量的把握。由于任务型教学法将多个知识点整合在一起，较传统的授课模式存在着知识量难以把握的问题。一个任务中，如果将多个知识点拆散分开讲，就会觉得任务不完整；而将一个任务一气呵成，对于学生来说，知识点太多又不易掌握。因此，在今后的教学过程中，教师要着重研究任务的设计和教材的设计，从中找到一个平衡点，使得任务型教学法能够得到更多的发展。

此外，教师在课堂上布置的任务也要切实联系实际，贴近学生的日常生

活、学习经历、社会交际等，这样能引起学生的共鸣，激发学生积极参与的兴趣。

随着英语这种国际性的语言在社会生活中的作用变得越来越重要，大学英语教师也必须根据实际要求积极地转变教学观念。任务型教学模式在大学英语阅读方面的应用，目的在于让学生通过运用所学语言来完成不同的交际活动。任务型教学法确立了以学生为课堂中心，充分发挥学生的个性与自主性，同时通过丰富的教学手段，最终达到提高学生阅读能力的目的。

## 第三节 语类教学法及应用

### 一、语类教学法概述

语类教学法又叫体裁教学法，是建立在对语篇进行语类分析基础上的一种教学法，主要用以指导写作和阅读教学，尤其用以指导写作教学，个别研究者也尝试把它用以进行口语和听力教学。把语类分析的方法用以阅读教学，既可以使学生从宏观上把握语篇的特点，即把握语篇的文化语境和情景语境，又可以从微观上把握语篇结构和语义，起到触类旁通的效果，阅读速度和阅读质量都会大幅提升。

语类教学法作为一种建立在对语篇进行语类分析基础上的教学方法，在外语教学中的影响已日益显著，但如何把它应用到大学英语阅读教学中去是个非常值得深入研究的问题。由于目前采用的语类分析方法不同，语类教学法实施的步骤和结果也不同。根据海恩的观点，目前的语类教学法主要有三大流派：①ESP 和 EAP 领域的语类教学法；②新修辞学派的语类教学法，"新修辞学派"指在北美从事修辞、作文研究和职业写作教学的一批学者；③系统功能语言学派的语类教学法，此教学法主要用于中小学和成人教育的写作教学。本书尝试采用系统功能语言学派的语类教学法指导大学英语阅读教学。

要了解和应用系统功能语言学派的语类教学法，首先要明白他们对语类的定义和语类分析的方法。

人们对语类的研究最早可追溯到古希腊的柏拉图和亚里士多德对论辩、诗歌和戏剧的研究。但这种研究通常集中在对文学语类的研究上,从非文学的角度研究语类始于巴赫金。20世纪80年代以来,由于语言学研究逐步由语法研究向语篇研究转移,不仅语言学和文学关心语类研究,其他许多领域也把语类作为研究对象,如社会语言学、人类语言学、修辞学及语言教育学等。

不同的学科和流派之间由于研究目的、研究角度和使用的理论不同,对语类的定义和语类分析的方法就不同。系统功能语言学派的语类定义和语类分析研究如下:

### (一)语类的定义

在系统功能语言学内部,语类的研究始于韩礼德,他认为语类是语式的一部分。哈桑先将语类定义为"语篇的类型",后把语类视为由"语境构型"决定的"意义类型",实际上是语域在语篇中的意义模式的有阶段有目的的活动。她认为语类与语境构型具有逻辑关系,是它的语言表现形式。如果语境构型是一种情景构型,那么语类就是与社会事件相适应的语言。马丁认为语类是"一个由讲话者以文化社团成员为身份而参与的有阶段、有目标、有目的的活动"。艾金斯也把语类看作是语言使用中"有步骤、有目的的活动类型",认为"在我们文化中有多少种已被承认的社会行为就有多少种语类"。婉托拉支持艾金斯的说法,并指出语类具有常规性。这里的常规性,实际上是指语类步骤出现的规律性。

中国的系统功能语言学家张德禄先生在综合前人研究的基础上,认为语类是一种文化现象,是一个言语社团的成员所共有的常规,在语言中表现为一种共有的语义结构特征,在社会交际中表现为一定行为、活动和事件的类型,在一定语境中表现为讲话者与听话者用以交际、解决实际问题的方案。张德禄先生的定义在此有集大成的作用,此定义较其他定义来说,更加系统与完善。

### (二)语类分析的要素

目前系统功能语言学内部建立的语类分析框架大致有以下三种模式:哈桑的"语类结构潜势"理论、婉托拉的语类分析模式和马丁的语类分析模式。

其中，哈桑的"语类结构潜势"理论中的"语类结构潜势"是指在同一语类中语篇结构的潜势。语类结构在此指语篇的意义结构，而不是指词汇语法这样的形式结构。

由于哈桑的"语类结构潜势"理论是从语篇分析的角度进行研究的，所以无法解释为什么在许多情况下，交际事件中间突然停止、使交际失败的情况。针对这一缺点，婉托拉提出了新的语类分析框架。她的语类分析框架包括三个层次，即语类、语域和语篇（形式）。各个层次都有自己相应的结构。其中，语类在语域之上，是决定语域的，而语篇则作为一个形式和实体混合的层次，用以体现语域和语类。这与韩礼德一直强调的语篇是一个意义单位的思路不同。同时，她这个框架没有表明语义是在哪个层次上，即没有把语义作为一个层次明确表示出来。婉托拉还倾向于把语类看作一个动态范畴，提出了流程图理论，对"服务交流"语类的交际过程勾画出了详细流程图。

马丁的语类分析理论在很大程度上与婉托拉的语类分析理论十分相似，但马丁的理论更进一步，他借用了巴赫金的术语，在语类之上又加了一个"观念形态"层次。所以马丁的分析模式区分了四个层次，即观念形态、语类、语域、语言。马丁的"观念形态"属于文化语境这个层次，而他的语言层次包括语义层次，所以他实际上把语域和语类都置于语义之上、语言之外。

我们对马丁的语类分析理论根据系统功能语言学理论做出以下解析。语类是文化语境的产物，语域是情景语境的产物，两者都在语义之上、语言之外。语言是一种社会符号系统，由语义层、词汇语法层和音系序位层组成。词汇语法层由音系序位层体现，语义层由词汇语法层体现。在此，语言的含义非常窄，只是词汇语法层所代表的最基本、最原始的意义。而语域层位于语用层，在语义层之上，它由情景语境的三个变项话语范围、话语基调和话语方式体现。而话语范围、话语基调和话语方式分别同语义层的概念意义、人际意义和语篇意义相联系。语类层又位于语域层之上，它由情景语境体现。

综合以上系统功能语言学派的三种语类分析的方法，可看出马丁和婉托拉的语类分析理论比较接近，和哈桑的语类结构潜势理论有些地方互补。所以综合马丁和哈桑的语类分析理论，以马丁的理论为主、哈桑的理论为辅，总结出以下四大语类分析要素。

### 1. 文化语境

语类是文化语境的产物，由情景语境来体现。它是人类社会活动模式和目的共同作用而形成的语言图式结构。由于人类之间有许多共同之处，同一语类在不同的文化语境中肯定也会有许多共同之处。但由于存在文化差异，同一语类的语篇也存在语类结构差异。

### 2. 语类结构

哈桑认为，语篇的语类结构也是一种意义结构，是由一种与该语篇的语类相联系的结构成分组成的定式。语类结构是由一个类别的话语范围、话语基调和话语方式的综合所决定的，即由一定的语境构型决定。每个语类结构都有其必要成分、可选成分和重复成分，而其必要充分及其顺序决定了语类。因此语类结构是文化语境的产物，同时又由情景语境来体现。

### 3. 情景语境

语域是情景语境的产物，同时体现语类。任何一个语篇都有自己的语域，而这个语域必然属于某一个语类。它由情景语境的三个变项，即话语范围、话语基调和话语方式体现。而话语范围、话语基调和话语方式分别同语义层的概念意义、人际意义和语篇意义相联系。要解读情景语境和语域，我们就需要解读这三个变项。

### 4. 语言

语言作为一种社会符号系统，由三个层次来体现，即语义层、词汇语法层和音系/字位层。词汇语法层又可以称为语法层。词汇语法层由音系序位层体现，语义层由词汇语法层体现，而语义层的概念意义、人际意义和语篇意义又同更上一层次的情景语境联系起来。因此，要分析语言这一要素，需要从这三个层次进行分析，其中语义层处于意义层，而词汇语法层和音系序位层处于形式层。

## 二、语类教学法在大学英语阅读教学中的应用

系统功能语言学派的语类教学法指导下的大学英语阅读教学是以语篇的语类分析为基础的教学。在教学中，教师教学的重点不只是单纯的词的发音、词义的解释、语法的结构的理解和解释、固定搭配的记忆等，也不只是对文

化语境与情景语境等宏观方面的大致介绍，而是在系统功能语言学理论的指导下，二者的系统有机结合。整个教学过程的重点放在理解整个语篇的文化语境和情景语境上，了解语篇在社会交际中的功能，认识语篇整体的语篇意义、人际意义和概念意义。在此基础上，再学习语音、词汇、语法等形式特点。对语类的定义和语类分析的要素方面的研究为以语篇为基础的英语阅读教学提供了参考，也就是说，大学英语阅读教学必须考虑到语类分析的诸要素。以系统功能语言学派的语类教学法为指导，笔者尝试建立以下新的大学英语阅读教学模式。

（一）阅读步骤设计

采用语类教学法，我们的重点是从宏观上把握整个语篇的语境，然后兼顾微观上的语言形式，因此我们整体上采用自上而下的阅读步骤，但在必要的地方，自下而上再回顾一下。首先，可以一统全篇，其次，有利于后面微观层面的理解，也有助于前面宏观层次的把握。

第一步，略读全文，了解语篇的文化语境、语类及其语类结构。这一步骤可以在课前预习完成，学生在课下通过网络收集相关资料与相关图片等，拿到课上讨论；最后老师再给出详尽的解释。这一部分可以采用中外对比的方式，加强学生的认识深度。

每个语篇都属于某个语类，而语类体现文化，因此在阅读教学中，首先要把语篇置于文化的大背景中，使学生了解文化语境为语篇的生成提供了什么意义资源，从哪些方面限定了语篇的意义范围。其次，分析语篇的语类结构，明确哪些是必要成分，哪些是可选成分。

第二步，精读整个语篇，锁定语篇的情景语境，明确语篇的话语范围、话语基调和话语方式各是什么。

在阅读教学中，教师在分析语篇的文化和社会属性的同时要分析语篇产生的情景语境，具体地说就是分析它的话语范围、话语基调和话语方式。话语范围分析包括语篇所涉及的话题和场地等因素，包括事件发生的原因、事件发生的过程和步骤、事件在本语篇中的描述方式和过程等。话语基调分析的是语篇的参与者及讲话者和听话者的关系、态度、观点和评价等。话语方式分析涉及语篇产生的渠道和方式，是口语还是书面语，是独白还是对话等。

这一部分结束后,再分析一下话语范围、话语基调和话语方式是如何决定此语篇的语类结构的。

第三步,逐句精读,分析所用的具体词汇和语法结构,理解作者是怎样通过具体语言实现自己的交际功能的。概念功能方面重点分析其物性系统和语态,人际功能方面重点分析其语气结构和情态系统。语篇功能方面着重分析的是句子的主位结构、信息结构和衔接手段。词汇方面重点分析词语的正式程度,是正式词语还是口语、谚语等及一些固定搭配。

这一部分完成以后,把所得结论画成图表的形式,采用自下而上的方法分析这部分是怎么体现语篇的情景语境和语类的。

第四步,跳读,发现在音系层或字位层的特征。这一部分的工作有助于学生提高阅读速度和拼写的准确性。如果所学语篇是商务语篇或者是新闻报道,出现的黑体字、斜体字或大写词语都有其重要意义。

采用这种语类教学法的教学步骤训练的学生,在阅读的速度和精确性方面都接受了良好的训练,以后在课下阅读中就会有的放矢,事半功倍。

### (二)阅读问题的设计

在大学英语阅读教学中,问题的设计非常重要,可帮助学生加深对语篇的理解。在传统的大学英语阅读问题设计中,教师只是随意地提一些问题,没有系统的语言学理论的指导。根据语类教学法,教师在教学过程中提出的问题要有其科学性和层次性。

具体来说,要涉及以下几方面的问题:①文化语境层面的问题;②语类结构的问题;③情景语境层面的问题;④语篇整体意义的问题;⑤语法结构层面的问题;⑥词汇的隐含意义的问题;⑦词汇的具体含义的问题;⑧音系序位层面的问题。这几个方面的问题并非在每个语篇的学习中都要面面俱到,而是根据具体语篇的特点而有所侧重。

语类教学法在中国大学英语阅读教学中的应用虽然还处于探索阶段,但对中国大学英语阅读教学具有非常深远的意义。它不只是对非英语专业的学生,对英语专业的学生也意义重大;对英语精读、泛读、商务英语及英语报刊选读等课程的教学均有很强的应用价值;对学生英语语言的口语运用和写作也都具有深远的影响。

## 第四节　语篇衔接教学法及应用

### 一、语篇衔接手段概述

张德禄和刘汝山在韩礼德和哈桑、胡壮麟等学者研究的基础上，把语篇衔接关系分为语篇内衔接和语篇与语境之间的衔接两大类。他们认为，衔接就等同于表达小句间和小句以上单位意义联系和把语境与语篇联系起来的谋篇意义……衔接与连贯的区别在于前者是语篇的具体意义关系，后者是其产生的整体效应。从语篇的衔接手段中推断出语篇的具体意义，并进一步理解其产生的整体效应，是篇章阅读者要实现的目标，也是英语教师在进行大学英语阅读教学中应该重点关注的问题。

英语语篇衔接手段主要分为两大类：一是语法衔接手段，如照应、替代、省略、连接等；二是词汇衔接手段，如重复、同义词或近义词、上下义词、搭配等。英语教学中对英语语篇衔接手段的研究层出不穷，徐玉臣研究了语篇衔接与心理连贯的关系，张德禄、张爱杰分析了情景语境与语篇的衔接与连贯，张继红介绍了照应、省略、搭配等三种语篇衔接手段的理解等，然而专门对语法衔接手段进行分析和理解的研究却不多见。为便于学生更好地认识和了解英语语篇衔接手段及其作用，以下就语法衔接手段及其理解进行专门的研究，着重探讨大学生英语阅读教学中四种语法衔接手段的识别和理解。

### 二、大学英语阅读教学中辨认语法衔接手段的方法

外语教学的主要任务是把一个正常的语篇解释成一个连贯的语篇，因为这个语篇本身是连贯的，同时要能够对语篇的连贯特征十分敏感，听到或读到一个语篇就能够分辨出这个语篇是连贯的还是不连贯的；如果不连贯，是哪些特征造成不连贯等。作为大学英语教学中非常重要的组成部分——大学英语阅读教学，其主要任务就是把英语语篇解释为连贯的语篇，培养学生对

语篇连贯的敏感度。这就要求我们在英语阅读教学过程中引导学生正确辨认并理解语篇衔接手段，实现对语篇的准确理解和把握。

## （一）照应

在语篇中，如果对于一个词语的解释不能从词语本身获得，而必须从该词语所指的对象中寻求答案，这就产生了照应关系。照应是一种语义关系，它指的是语篇中一个成分做另一个成分的参照点，也就是说，语篇中一个语言成分与另一个可以与之相互解释的成分之间的关系。《全新版大学英语》（第二版）第一册第5单元 Text A 开头三个自然段：

He worked himself to death, finally and precisely, at 3:00 A.M. Sunday morning.

The obituary didn't say that, of course. It said that he died of a coronary thrombosis—I think that was it—but everyone among his friends and acquaintances knew it instancy. He was a perfect Type A, a workaholic, a classic, they said to each other and shook their head—and thought for five or ten minutes about the way they lived.

This man who worked himself to death finally and precisely at 3:00 A.M. Sunday morning—on his day off—was fifty-one years old and a vice-president. He was, however, one of six vice-presidents, and one of three who might conceivably—if the president died or retired soon enough—have moved to the toy shot. Phil knew that.

文章文开头说"他终于在星期天凌晨三点整因过度劳累而离开人世"，这个"他"是谁，叫什么名字，从第一段里我们无从知晓。而第二段同样使用代词 he，仍没有与"他"有照应关系的词出现，我们还是不知道"他"是谁，只知道和第一段里的 he 是同一人。第三段开头终于出现了与 he 相照应的名词，知道了"他"是谁，"This man"是一位"vice-president"；结尾中也出现与 he 相照应的词，知道了"He"叫 Phil。可见，若文中没有与"他"有照应关系的词出现，这段话无论多长，都无法实现语篇连贯，没有了连贯，文章也就失去了其实际意义。

培养学生对这种衔接手段的识别和理解有助于其主动缩短衔接的心理距

离，正确识别叙述的焦点和中心，加强其对衔接效果的理解及整个语篇的理解和欣赏。因此，在实际阅读教学中，教师首先要让学生认识到这种词会给他们的阅读带来困难，从而引起足够的重视与警觉，然后从语篇的上下文中查找其指代的对象，实现对照应的理解。平时阅读教学中碰到的此类问题应引导学生进行分析，当学生有了足够的训练后，此类问题就会迎刃而解。

### （二）替代和省略

替代和省略也是重要的衔接上下文的手段，是语言使用过程中的普遍现象。替代和省略有其相似之处：两者都是在前面出现的项目或结构重现时而被替代或省略；其作用都是一方面为了避免重复，使表达简练、紧凑、清晰，另一方面是为了连接上下文。作为重要的语篇衔接手段，替代和省略在阅读理解中的作用是不容忽视的，因此，日常阅读教学应加强学生对替代和省略的辨别理解能力。

《新视野大学英语》第四册第三单元 Text A 的第 16 段中 "Would I sit on the governor's committee and try to do something about the thousands of welfare clients who, like me, could earn part or all of their own livings if they were allowed to do so, one step at a time？" 的 so，避免了重复而且使其与前文联系得更加紧密。

另外，这篇文章中多处使用了省略这种衔接手段。文中开头提到：人人都觉得福利救济对象在骗人，他自己认识的许多坐轮椅的人在经济上遇到窘境时，都会以这样或那样的借口向福利机构多骗些钱。而他自己却选择了过一种完全诚实的生活，因此不会那样做，而是四处找活儿，揽些画漫画的活儿，甚至还告诉福利机构自己赚了多少钱。因为"私下里领一笔钱对我挺有吸引力，但即使我挡不住这种诱惑，我投稿的那些大杂志也不会去给自己惹麻烦。他们会保留我的记录，而这些记录会直接进入政府的电脑。真是态度鲜明，毫不含糊。"原文为：

But even if I yielded to that temptation, big magazines are not going to get involved in some sticky situation. They keep my records, and that information goes right into the government's computer. Very high-profile.

Very high-profile 中省略了主语和谓语动词，在语法结构上是不完整的。

这一省略的使用一方面避免了不必要的重复，使句子更简洁；另一方面表达了作者对此的不满和无奈之情。

多数情况下，替代和省略能够使文章表达更加简练、紧凑、清晰，更好地连接上下文，但如果替代和省略影响了学生的阅读理解效果，教师就应该引导他们去从语篇的上下文找出被替代和被省略的信息，从而培养学生识别并理解这两种语篇衔接手段的能力，提高其英语阅读理解力。

## （三）连接

在一个句子之内，在小句之间通常要有连接成分来把它们联系起来，表示小句之间的逻辑—语义关系和相互依赖关系。如果没有连接词，则必须有标点符号来表示一定的连接关系。这种连接通常贯穿全文，所以，帮助学生识别连接可以帮助他们把握全文的结构及中心，《新视野大学英语》第三册第6单元Text A就是一个典型的例子。阅读这篇文章时应先引导学生关注第一、二、三段的第一句话，即：

第一段：Ideally, people would like to know when an earthquake is going to happen and how bad it will be.

第二段：People would also like to be able to prevent the great destruction of property caused by earthquakes.

第三段：Besides, working to improve building structures, people in areas where earthquakes are common need to prepare for the possibility of a great earthquake.

连接词also把第二段和第一段内容联系了起来；besides把第三段和第一、第二段内容联系了起来。引导学生将这几句话先标注出来，然后让他们分别总结这三段的大意，培养其识别"连接"这一语篇衔接手段并积极理解其在语篇中的作用，从而可得出：第一段介绍地震预测手段，第二段介绍地震预防措施，第三段指出人们需要做好防震准备。那么如何做好防震准备呢？第四段中，作者再次使用连接这种衔接手段：

In addition to preparing their houses, people in these regions need to prepare themselves. They should have supplies of water and food at home and at work...It is also important to have something that...Experts also suggest the following...

这里，作者不仅通过连接词 in addition to 和 also 的使用来介绍自己的防震观点，而且再次使用连接词 also 引入了专家的防震建议。连接词 as well as 和 also 在后文第五、第六段起着同等重要的作用。特别是全文最后一段中连接词 however 的使用，不但强调了作者的观点，而且总结了全文的中心。

　　语篇是连贯的，作者通过语篇衔接手段的运用来实现语篇连贯；读者通过辨认解读这些语篇衔接手段而理解连贯的语篇，实现作者与读者之间的交际活动。大学生虽有一定英语语言基础，但要实现和读者的真正意义的对话，还需要老师的帮助。大学英语阅读教学中，教师不但需要引入英语语篇衔接手段的介绍，帮助学生辨认、理解文中衔接手段，而且要培养其对语篇衔接与连贯的敏感度，帮助其正确把握全文的篇章结构，并进一步领会作者的真实写作意图。不断加强和提高大学生对英语语篇衔接手段的识别和理解，培养并提高其独立的阅读理解能力，是大学英语阅读教学的重要目标。

# 第七章 高校英语写作教学改革

写作可以反映一个人的语言修养。英语写作是英语教学的一个重要部分。不考虑其他因素，仅从大学英语写作教学的现状来看，就亟须改革。本章就来研究教学改革背景下的大学英语写作教学。

## 第一节 高校英语写作教学面临的问题

写作始终都是英语教学的一个薄弱环节，并形成了对待英语写作"教师犯难，学生发怵"的现状。从当前的英语写作教学状况看，英语写作教学还存在如下几个问题。

### 一、课程设置不合理

在英语教学中，因课时有限，在单元的课文讲解、听力理解、阅读理解等耗时过多，留给写作教学的时间就少之又少，进而导致写作变成了可有可无的教学内容。另外，由于一些学校并没有设置专门的写作课程，所以写作教学的效果自然得不到保障。

尽管当前的英语教材均有对应的"听、说、读"等配套练习,但却少有"写"的材料。虽然每一个单元均有专项写作练习，但它们多是被动性的，配套教材的短缺使写作技能训练非常零碎，不够连贯。在这种情况下，加之课时得不到保证，学生的写作水平显然是难以得到提升的。

## 二、教学方法陈旧

在传统的教学模式中，英语教学过分注重词汇、语法等知识点的讲解，却很少涉及语篇的结构以及语篇的内容分析等。这就导致学生虽然知道很多的词汇和语法知识，但在语言表达时却不尽如人意。学生在写作中经常出现无话可说，或者语言空泛没有内容的问题，这都是因为教学方法过于陈旧，无法适应现在社会对英语人才的需求。当学生完成一篇写作后，教师一般只对学生的写作内容中的语法知识进行讲解，并不会针对其构思和语篇结构等进行评价，这也是导致学生写作能力差的一个重要原因。教师在写作教学中与学生的互动较少，对学生的有效性指导很少，久而久之，学生就对写作失去了兴趣，写作能力的提高也无从谈起。

## 三、批改方法不够科学、系统

在英语教学中，一些教师的批改方法缺乏科学性和系统性。学生交上了作文之后，教师经常忽视学生在整个写作过程中思维能力的培养，将批改的重点放在纠正拼写、词汇以及语法等句子水平上的错误，甚至一些教师不给学生独立写作的机会，而是一味地要求他们抄写范文和背诵范文。这种批改方式使学生成了被动的接受者，所以学生很难主动地认识并改正自己的错误，进而出现了教师反复改，学生反复错的局面，导致学生对写作消极应对甚至望而生畏，写作水平难以提升。

## 四、应试倾向明显

学生写作能力较差，这不仅是教师的教学方法不够科学、系统造成的，还受到我国应试教育制度的影响，当前我国的考试制度对写作的考核很少，写作考核的分值在总体分值中所占比重较小。写作考核的试题通常都是命题式作文，这就使得很多学生的作文构思千篇一律，文章结构也很类似，普遍采用"三段式"结构，这样不利于学生创新思维的形成，也不利于学生克服母语对英语写作的影响。

## 五、教学改革较为滞后

随着新课程改革的全面推进和不断深入，英语教师对新课程下的写作教学有了新的认识，但在实际的英语教学过程中，写作教学的改革相对较为滞后。有不少教师不注重对学生英语思维能力多方位、多角度的训练，也不使用各种方法训练学生英语思维的发散性、创造性、广阔性与深刻性。事实上，英语教学是一项整体的工程，写作教学与口语教学、阅读教学以及其他形式的教学之间是互动互补和彼此关联的整体。但在当前的英语教学过程中，教师并没有将写作教学放在这个整体的项目中，这就产生了为写作而写作的现象。

## 第二节 英语写作的心理活动

掌握英语写作的心理机制，对于提高英语写作教学的效果有重要意义，一般来说，作者在英语写作过程中会具有如下四个心理活动。

### 一、从视觉到运动觉

从视觉到运动觉是英语写作最基本的心理机制，视觉活动属于书写训练的起点。具体地说，学生通过观看书上、黑板上的书写示范，会在大脑中形成明晰的英文字母形象。学生形成的视觉形象越清楚、越深刻、越正确，其在之后的模仿就会越顺利、越准确、越迅速。可见，书写是一个由观察到临摹、由临摹到自主、由自主到熟练的过程。虽然模仿是动觉性的，但其与视觉有着密不可分的联系。

### 二、书写技巧动型化

书写技巧动型化即在书写过程中一个动作紧接着另一个动作，一个基本单位的书写动作已经自动化。可见，书写技巧的动型化其实就是高度的熟练化。随着熟练程度的提高，书写单位应该从单词逐渐扩大到短语、分句和句子，这不但可以加快写的速度，还可以提高学习效率。

为使学生掌握动型化的书写技巧，教师应通过多种方式引导学生展开练习，不但要经常在纸上练书写，而且要习惯于在脑子里练书写，在脑子里经常对字母、单词、句子从书写形象上"过电影"，做到心手合一。

## 三、联想性的构思能力

联想性的构思是写作心理活动的核心，指人对种属关系、因果关系、空间关系、时间关系以及层次关系等各个事物之间的相互联系以及相互关系的认识。语言是思维的工具，学生要将英语作为思维工具来使用，以便更好地将英语作为交际工具来用。而将英语作为交际工具来用最关键的一步，就是发展和养成英语的联想习惯。例如，由 family 联想到 father, mother, brother, sister 等。

联想性的构思能力发展得越好，学生对英语上下文关联性的理解就越好。因此，教师应重视对学生联想性构思能力的培养，这既可以提高学生的英语写作能力，又可以提高学生的思维能力。

## 四、演进式的表达技能

演进式的表达技能是联想性的构思能力的具体表现，其能将定式思维、层次想象、系统回忆和连贯言语融为一体，不但可以使学生的写作有条理性，而且也会提高写作的速度。例如，以 I like to draw 为题的作文，其演进如下："I am a middle school student. I like to draw. I draw mountains, rivers, trees and birds. Now I am drawing a tree. Look! I have drawn it. There are leaves and flowers on it. The leaves are green. The flowers are red. They are very beautiful."演进式的表达技能可以直接促进学生的推理能力、汉语表达能力以及对其他学科内容的理解，既有教育意义又有教养意义。

## 第三节 高校英语写作教学的内容与目标

### 一、大学英语写作教学的内容

#### （一）结构

1. 谋篇布局

在写作之前首先要谋篇布局，谋篇布局作为写作的起点，对写作有着至关重要的作用。所谓谋篇布局，是指根据不同的题材、体裁来确定篇章以及段落的整体结构，并据此选择恰当的扩展模式，保证写作顺利地开展。就篇章结构而言，大体结构是：引段—支撑段—结论段；就段落结构而言，大体结构是：主题句—扩展句—结论句。但是谋篇布局并不是固定不变的，当题材和体裁不同时，文章的谋篇布局也会随之变化。

2. 完整统一

完整统一指的是文章中所有的细节如事实、原因、例子等都要围绕主题陈述和展开，所有的信息都要与主题相关，而所有脱离主题的信息都要删除，以保持文章段落的完整性。完整统一是评价文章优劣的重要标准之一，所以在教学过程中，教师有必要对学生进行这方面的训练。教师可以为学生设计专项练习，如设计含有不相关的段落，组织学生修改等，以增强学生这方面的意识。

3. 和谐连贯

和谐连贯是一篇优秀文章必须具备的因素。在写作过程中，学生要注意文章的连贯性和逻辑性，保证句子与句子之间紧密相连，内容之间衔接流畅，段落与段落之间环环相扣，使整篇文章流畅自然、和谐统一。英语中保证文章连贯统一的重要方法就是使用恰当的连接词和过渡词语。

用于表示并列：and, also, or, likewise 等。

用于表示转折：but，however，nevertheless，while，yet 等。

用于表示让步：although，in spite of，despite 等。

用于表示相反：on the contrary，conversely 等。

用于表示比较：similarly，equally，important，in the same way 等。

用于表示举例或解释：for example，for instance，such as，in other words，that is，in fact 等。

用于表示进一步关系：furthermore，moreover，what is more，besides，in addition 等。

用于表示因果：accordingly，as a result，consequently，as，since，so，thus，because，for，for this reason 等。

用于表示结果或总结：therefore，as a result，and so，finally，to sum up，in conclusion，in short，in a word 等。

用于表示空间和方向：here，there，next to，beside，near，nearby，along，as far as，to the left（right），in front of，at the back，in the middle，under，above 等。

用于表示时间或步骤：after，often，next，afterwards，before，finally，first，last，now，second，third，firstly，secondly，thirdly，later，later on，still，then，at that time，meanwhile，when 等。

4. **各种写作技巧**

能否运用一定的写作技巧，对学生文章的好坏有直接影响。英语写作教学中，教师应注意写作各阶段技巧的传授，如在准备阶段能明确话题，确定中心思想，根据写作目的收集与主题相关的信息并整理信息，组织素材和规划文章结构；在拟稿阶段能列提纲，起草文章，增加新观点；在修改阶段能仔细地检查文章中的错误，对文章进行加工润色等。写作技巧的传授往往能够使写作教学事半功倍；节省时间以供学生写作练习。

## （二）句式

句式也是英语写作教学的重要内容。英语句式纷繁复杂，常见的有强调、倒装、省略等，而且每一种句式又有不同的形式。掌握形式多样的句式对于写好文章十分有利，所以让学生加强句式练习是很有必要的。在英语写作教学中，教师可以以"示范"和"讨论"的方式让学生进行练习，促使学生掌握多而正确的表达方式，以使学生写出更加精彩的文章。

### （三）选词

词汇有两层含义，一个是表层的，一个是深层的。如果对词汇了解不够深刻，不能选用恰当的词汇，将会严重影响写作的效果，所以选词也就成了英语写作教学的重要内容之一。选词与个人爱好有关，是个人风格的体现，也是作者与读者之间交流的方式之一。在选择词汇时应该考虑到语域的因素，如褒义词与贬义词的选择、具体词与概括词的选择、正式词与非正式词的选择、形象词的选择以及拟声词的选择等。

### （四）拼写和符号

拼写和符号也是英语写作教学不可忽视的方面。如果没有了拼写与符号，文章的逻辑结构就不能体现出来，文章就会一片混乱。拼写和符号均属于学生的基础知识范畴，具体体现在单词的拼写和标点符号的使用是否正确，尽管是一些细节上的问题，但对英语文章的整体质量有着重要影响。

## 二、大学英语写作教学的目标

《大学英语课程教学要求》对大学英语写作教学提出了不同层次的要求，具体如下：

（1）一般要求

①学生能掌握基本的写作技能。

②学生能写常见的应用文。

③学生能描述个人经历、观感、情感和发生的事件等。

④学生能在30分钟内完成不少于120词的一般性话题的短文，且中心明确，结构完整。

（2）较高要求

①学生能描述各种图表。

②学生能就一般性主题表达自己的观点。

③学生能写所学专业的概要。

④学生能写所学专业的英语小论文。

⑤学生能在 30 分钟内完成不少于 160 词的短文，且内容充实，条理清晰，语句简洁流畅。

（3）更高要求

①学生能以书面形式比较自如地表达个人的观点。

②学生能用英语撰写所学专业的简短报告和论文。

③学生能在 30 分钟内完成不少于 200 词的各类作文，且逻辑性强，观点明确。

## 第四节　高校英语写作教学的新方法

### 一、过程教学法

过程教学法 20 世纪 60 年代兴起于美国，是在认识论、信息论、控制论以及各种语言理论和教学法的综合影响下形成的一种写作教学方法。格拉夫（Graves）指出，教师在英语写作教学中应帮助学生理解和内化写作的全部过程，使写作成为一种行为，而不应该仅是对结果的死板模仿。过程教学方法就是一种注重写作的过程，力求营造一种教学氛围，将学生的需求置于师生间交互学习的中心的一种有效的方法。此教学方法之所以力求营造一种教学氛围，主要有下面几个目的：

（1）使学生可以共享信息，相互帮助。

（2）促使学生敢于创新，并做出个性化选择。

（3）将写作视为一个过程，认识到这个过程的开始就是第一稿。

（4）与其他同学共同评估自己的文章，然后进行修改和完善。

一般来说，过程教学法主要包括如下几个环节：

（1）写前准备。本学生要在教师的指导下审题，并通过小组讨论的方式搜集素材，然后构思内容，列出提纲。

（2）撰写初稿。本学生可以采用个性化活动方式，独立撰写初稿。

（3）修改。这一环节主要在课堂上进行，一般采用学生互评和教师抽样点评相结合的方式进行。

（4）撰写第二稿。这一环节是对初稿的再加工过程，即学生根据上一阶段中发现的问题来进一步完善自己的写作，写出第二稿。

（5）教师批改评讲。在这一环节中，教师对学生的作品进行检查和批改，目的是让学生充分了解自己写作中的问题以及写作的过程，激发学生的写作兴趣，拓展学生的写作思维。

## 二、平行写作教学法

平行写作教学法是指在学生开始写作之前，教师要先给出范文，并就所写题目为学生提供必要的提示信息。学生主要根据教师的提示完成写作。例如：

Read the following dialogue:

A: What's up, Mike?

B: I don't know what to do this evening.

A: Well'why don't you go to the club, then?

B: Oh, that's not much fun, is it?

B: Hm, that sounds like a much better idea.

Now choose any of these ideas（or use ones of your own）to write similar dialogues.

Go and see（Jane）go for a walk

Help me cook the supper sit and read the paper

Have a game of cards write some letters

Help me wash the car go and watch television

（Byrne, 1988）

## 三、策略教学法

在英语写作过程中，学生可以采取一系列的策略，以使自己顺利地完成写作。下面就来介绍一些常用的写作策略。

## （一）选题构思策略

在写作开始之前，作者首先需要进行选题构思。下面就是几种常见的构思策略。

### 1. 自由写作式

自由写作式的构思是指在看到文章题目之后，大脑便开始思考，然后将大脑中形成的所有观点和信息记录下来并进行筛选，从中选取认为有用的信息，删去多余的信息，这种构思方式不受限制，思路可以完全打开，且写作的框架也会随之形成。例如，写一篇题为 How should we spend our spare time 的文章，学生可以这样打开思路：

How should we spend our spare time? Go to a park, fishing, playing basketball, doing homework, reading books, visiting friends, go to movies and playing computer games, no, it's not good. Waste time. We'd better finish the work first. Do some housework.

### 2. 思绪成串式

思绪成串式的构思是指作者先将所要写的主题写在纸的中间，并画一个圆圈，然后将所想到的与主题相关的词都写出来，分别画上圆圈，最后将这些关键词进行总结并确定写作思路。

### 3. 五官启发式

五官启发式的构思是指将主题与视觉、听觉、嗅觉、触觉等几个方面联系起来思考，搜寻与题目相关的材料。当然，在具体的写作过程中，作者没必要将视觉、听觉、嗅觉、触觉等方面全部都考虑到，可依据实际情况选择。例如，在写文章 My Best Friend 时，学生就可以从下面几个方面构思：

视　觉　方　面：He has a round smiling face. He walks slowly for he enjoys talking while walking. He likes to swing his pen in his hand when he has nothing to do with his hands in class. He often makes faces when he's happy. He does his homework quickly and often helps others and me with math problems. He likes to play ping pong with me.

听觉方面：He whistles a tune when he is alone. He can talk on and on about computer games. Whenever he understands something, he is always saying, "Oh, I know, I know."

触觉方面：When we play ping pong, I can feel his toughness and strength. And he is quite good at it.

嗅觉方面：I could smell his feet and sweat in summer. This shows he enjoys sports very much in a way.

### （二）开篇策略

文章开头是最引人注意的一个部分，如果有一个精彩的开头，那么就会很容易吸引读者的注意力，所以在开篇时也要注意运用一些有效策略，以使文章更加出彩。常见的开篇方式有以下几种：

（1）开门见山。例如：

As food is to the body, so is learning to the mind. Our bodies grow and muscles develop with the intake of adequate nutritious food. Likewise, we should keep learning day by day to maintain our keen mental power and expand our intellectual capacity. Constant learning supplies us with inexhaustible fuel for driving us to sharpen our power of reasoning, analysis, and judgment. Learning incessantly is the surest way to keep pace with the times in the information age, and reliable warrant of success in times of uncertainty.

（2）描写导入。例如：

Nowadays college students are seen waiting on tables, cleaning in stores, advertising in streets, tutoring in families and doing whatever work they can find. （描写作引言）It has become fashionable for college students to do some odd jobs in their spare time. （中心思想——打工的普遍性）

（3）下定义。下定义就是在文章的开头给出必要的解释说明，以帮助读者理解。例如，题为 Financial crisis 的作文，可以用以下方式开头：

Financial crisis, also known as financial tsunami, refers to the dramatic deterioration of the financial indicators of a certain country or several countries and regions in the world（下定义）. It can be classified as currency crisis, debt crisis, banking crisis, subloan crisis, etc. The feature of the crisis is that people are pessimistic about the economic future because of monetary depreciation occurring throughout the region. The causes for the crisis are complicated with multiple reasons, mainly from three aspects, i.e., the U.S.consumption habits of borrowing, the idea of free economic management, and the economic environment and specific policy instruments.

（4）以故事引入。例如：

Most of us may have such experiences: when you go to some place far away from the city where you live and think you know nobody there, you are surprised to find that you run into one of your old classmates on the street, perhaps both of you would cry out: "What a small world！"（通过故事，最终引出自己的观点）

### （三）段落展开策略

关于段落的展开，下面具体介绍常见的四种方式。

（1）按时间展开。这种段落展开方式多用于记叙文中。例如：

By the time he was fourteen, Einstein had already taught himself advanced mathematics. He already knew what he wanted to be when he grew up. He wanted to study physics and do research. The problem was that Einstein's family did not have enough money to pay for his further education. Finally they managed to send him to a technical school. Later they were able to send him to an important technical college in Switzerland, which he entered in 1896 at the age of seventeen. He studied hard and received his degree at the end of his course. He wanted to study for a doctor's degree, but he did not have enough money. The question was how he could find enough work to support himself. First he worked as a teacher. Later he got a job in a government office. This work provided him with enough money to live on. Also he had enough time to study. He went on studying and finally received his doctor's degree in 1905.

（2）按空间展开。按空间展开段落的方式常用来描述景物或一个地方。例如：

One of the most interesting places to visit in Singapore is the bird park. It's located in the industrial area of Singapore, called Jurong. The bird park is about twelve kilometers from the center of the city, and it's easy to get by bus or taxi.

It's one of the largest bird parks in the world. The birds are kept in large cages, and there are hundreds of beautiful birds from many different parts of the world, including penguins, parrots, eagles, and ostriches. There's a large lake in the park, with a restaurant beside it. There's also a very large cage. You can walk into it to get a closer look at the birds.

（3）按过程展开。按过程展开段落的方式多用于记叙文中。例如：

Many people like to read the latest news in the newspaper. But how is a newspaper produced so quickly?

Every morning the chief editor holds a meeting with the journalists. After that, journalists are sent to interview diferent people. Usually they have a face-to-face interview with them. Sometimes they do telephone interviews. At the same time, photographers are sent to take photos which will he developed later sometimes they use old photos from their library in order to save time and money. After the reporters hand in their stories, the chief editor will choose the most important news for the frontpage. Other editors read the stories and make some necessary changes. They also write headlines for each story. Finally, when the newspapers are printed, they are delivered to different places as soon as possible.

（4）按分类展开。按分类展开是指将要说明的事物按照其特点进行分类，然后逐一进行说明。该方式常用于说明文。例如：

WORLD MUSIC

In Africa most music is folk music. It plays an important part in people's lives, especially for work, and at festivals and weddings, while people dance all night long.

Indian music is not written down. There is a basic pattern of notes which the musician follows. But a lot of modern music is also written. India produces more films than any other country in the world. It produces musicals too, that is, films with music, and millions of records are sold every year.

In the Caribbean the slaves who were brought from Africa developed their own kind of music. West Indians make musical instruments out of large oil cans.

They hit diferent parts of the drum with hammers to produce diferent notes. This type of music has become very famous in Britain and is very good music to dance to.

Jazz was born in the USA around 1890. It came from work songs sung by black people and had its roots in Africa. Jazz started developing in the 1920s in the southern states. Soon it was played by white musicians, too, and reached other parts of the USA.

### （四）结尾策略

结尾部分同样至关重要，一个好的结尾不仅能吸引读者的注意力，还能起到画龙点睛、增色添彩的作用。

（1）总结式结尾。总结式结尾就是在文章的结尾处对全文进行总结概括，以揭示主题，加深读者的印象。例如：

A cartoon combines art and humor. When it is skillfully done, a simple line drawing and a few words can make people laugh. Their troubles seem less important, and they enjoy life more fully.

（2）展望式结尾。展望式结尾就是在文章结尾处表达对将来的期望。例如：

If everyone has developed good manners, people will form a more harmonious relation. If everyone behaves considerately towards others, people will live in a better world. With the general mood of society improved, there will be a progress of civilization.

（3）建议式结尾。建议式结尾是指根据上文中论述的问题，在文章结尾处提出建议或解决方法。例如：

College athletics plays such a vital role that it deserves close attention and persistent effort. It is suggested that physical training should be regarded as a required course wedged into college curricula, however crowded it may be, and that a fair share of college budget should be, devoted to athletic programs. We sincerely hope that this suggestion will be a commitment that all colleges and universities will take up.

Stereotypes such as the helpless homemaker, harried executive and dotty grandparents are insulting enough to begin with paced in magazine ads or television commercials, they become even more insulting. Now these unfortunate characters are not just being laughed at; they are being turned into hucksters to sell products to an unsuspecting public. Consumers should boycott companies whose advertisement continues to use such stereotypes.

### （五）修改策略

初稿完成之后，还必须对初稿加工润色，即修改，以使文章更加完整。文章的修改可以从以下三方面入手：

（1）主题方面。主题是文章的关键，如果其他方面写得再好，但主题有所偏离，也不能称得上是好的文章。在检查主题方面的错误时，可以从以下几个方面入手：

①检查主题是否完整统一。

②检查文章是否符合题目要求。

③检查主题句是否清晰。

⑤检查语气是否一致，时态是否恰当。

（2）段落方面。在检查段落方面的问题时，可以从以下几个方面入手：

①检查段落的展开是否流畅。

②检查段落材料是否充实。

③检查段落之间是否连贯。

④检查过渡词的运用是否恰当。

（3）语法方面。语法错误是学生写作中最容易出现的错误，所以对于这方面的错误要仔细检查。通常可以从以下几个方面着手：

①检查句意表达是否清楚。

②检查句子是否有语法错误。

③检查标点符号运用是否正确。

④检查拼写是否正确。

## 四、网络辅助写作教学法

20 世纪 90 年代以来，计算机网络与多媒体技术的发展为我们解决英语写作教学的诸多难题提供了条件。多媒体和网络具有资源丰富、情景真实、灵活自如、不受时空限制的特点，通过多媒体和网络，学生可以接触到纯正的英语，从更广的范围内了解英语文化以及英语文化与汉语文化的不同，还可以激发学生学习的兴趣，培养学生自主学习能力。

网络辅助英语写作教学就是借助网络技术和网络资源，以学生为中心，使学生在教师的指导与监控下发挥其积极性与主动性，就某一主题上网搜索收集、阅读、分析、归纳、模仿、写作、交流。教师的工作主要是布置任务、检查任务完成情况、反馈并评价学生的作业、组织学生之间的交流、布置新的任务。

## 五、大学英语写作教学实践

### （一）"以读促写"写作教学实践

教学任务：阅读文章，写一篇关于如何节约和保护水资源的作文。

教学目的：通过阅读输入相关的语言材料，引导学生利用一定的写作策略对材料加工，充分挖掘所给文本中的有效信息，为写作做好准备。

教学形式：个人、小组。

教学流程：

（1）让学生阅读一篇关于中国西南旱灾的时文，并分组讨论：What does the passage tell us？

文章具体内容如下：

I was terribly moved and shocked when I watched CCTV9 programme broadcasting the drought case in the southwest of our country this morning. In the programme, I saw pupils in Guizhou were thrilled to get one bottle of water per person. And the programme featured one of the pupils holding the bottle to her cheek happily like her dear loved relative. The pupils were so thrilled that some of them even cried when they got the water for drinking.

The reporter found some pupils hid several bottles of drinking water in their school desks so she asked why. The little girl who was interviewed said that she would bring them home in the weekend to give her parents to drink. The picture also featured in pupils' bags. Viewers can see that these kids saved three or five bottles of water for taking home in the weekend.

The moment I saw those pictures, my nose turned sour and tears came in my eyes. I used to have little feeling about the "drought" but I never experience the case personally. We use water everyday. We can not live without it. Take myself for example, drinking a cup of boiled water is the first thing I do after I get up everyday, not because I am thirsty but because the water can make me fit. I need water to wash everything! I think l will be crazy without water even for one single day!

I think the drought will be an unforgettable experience in their rest life for children in Guizhou and it will teach people to save water in their future lives.

（2）抽取两三个小组汇报讨论的结果。

Ss: Southwest China is facing serious water problem./People in Guizhou are short of water seriously./We should save water in our lives./...

（3）学生4人一组，针对水资源缺乏这一问题，就如何节约和保护水资源进行讨论并用句子的形式提出建议。It's a good idea to turn off the tap while you brushing teeth.

Ss: Wash clothes with less water./Don't throw waste into the rivers./It's a good idea to keep some rain./Try to find some ways to reuse the water./We should ask factories to stop pollution./When you wash dishes, don't let the water run./...

（4）引导学生阅读另一篇关于保护水资源的文章，并要求学生注意文章的结构、用词，并找出主题句、过渡句和写得比较好的词或句子，为写作做好充足的准备。文章如下所述：

Napoga is a 12-year-old girl in Ghana, Africa. It is hard for her family to get clean water. Every morning, she leaves home at half past five to get clean water for her family in a village far away. It takes her six hours to get enough clean water for daily cooking and drinking. She has no time to go to school or to play with her friends. Millions of people in the world are like Napoga. They can't get enough clean water to keep healthy.

Earth Day is April 22. But on all other days, we must also remember it. The water we use is the most important natural resource on the earth.

Water covers 70% of the earth's surface. But most of that is sea water. We can't use it for very many things. Fresh water covers only 1% of the earth's surface.

You probably feel lucky that your life isn't as hard as Napoga's. But that doesn't mean you don't have to worry about water. We all face serious water problems. One of them is water pollution. All kinds of things from cars, factories, farms and homes make our rivers, lakes, and oceans dirty. Polluted water is very bad for people to drink. And dirty water is bad for fish, too. Now, 34% of all kinds of fish are dying out.

How do cars and factories make our water dirty? First, they pollute the air. Then, when it rains, the rain water comes down and makes our drinking water dirty. Dirty rain, called acid rain, is also bad for plants, animals and buildings.

Scientists say that in 30 years, more than half of the people in the world won't have enough clean water. We have to learn how to save more water for ourselves and our children. Here is some advice for saving water:

① Turn off the water while you brush your teeth. You can save as much as 450 liters each month.

② Leaky taps waste a lot of water. Fix them right away!

③ You can easily cut your 10-minute showers in half and you'll be just as clean.

④ When you wash dishes, don't let the water run.

⑤ Only wash clothes when you have a lot to wash. If your washing machine isn't full, you're wasting water!

（5）教师为学生布置一篇与水资源有关的作文，时间限制为30分钟。题目如下：

理解公益广告："If we don't save water, the last drop of water will be tear drop"根据以下提示，写一篇不少于120词文章：①生活离不开水；②可饮用水的数量在减少；③水污染严重；④应该节约和保护水资源。

参考词汇：water suitable to drink 可饮用水，amount 数量。

要求：①语言表达正确，要点完整。

②运用段落展开策略，适当做些发挥。

（6）学生完成作文以后，将学生的作文贴在墙上，供班上同学共享。以下是学生的习作之一：

Water is very important to humans. As we all know, we can't live without water, but now we are facing serious water problems. Scientists say that in 30 years, more than half of the people in the world won't have enough clean water. The amount of water suitable to drink is falling now.

However, some people don't seem to care about this. They waste a lot of water, for example, they keep the water running while they are brushing their teeth. What's more, they pour dirty water and throw rubbish into rivers and lakes so that many rivers and lakes are seriously polluted.

So something must be done to stop the pollution to protect the water and find ways to reuse it as well. If we don't save water, the last drop of water will be a teardrop.

分析：该实践结合了中国社会的热点话题，即如何节约和保护水资源设计了一系列的读写活动。通过阅读，学生可以在整体上把握文章的结构、写作的思路以及语言组织的方式。这种以读促写，结合听说的策略不仅可以训练学生多元化的能力，还使学生的各项能力互相影响、互相渗透、互相促进。写作能力的提高是一个长期的过程，如何在日常的教学过程中充分利用教学资源来提升学生的写作能力，将是我们今后不断探索的问题。

（二）"话题式"写作教学实践

教学任务：写一篇关于 friendship（友谊）的作文。

教学目的：根据任务原则，通过各种总结性练习任务来提高学生对文章整体的感知力，从而增进理解，提高实际写作水平。

教学形式：个人、两人、四人小组。

教学流程：

（1）首先，可向学生展示一封主题为 friendship 的信函，使学生感知书信的写作格式和内容。

（2）就信中关于 friendship 的观点内容为学生设计如下讨论任务：

What kind of person do you think you can make friends with? Try to find out some adjective words to describe your friends.

（3）将学生分成四人小组，布置如下任务，并给予适当的提示：

According to your experience, can you give some advice on how to make friends? Please use the suggestion structures as many as possible. For example, it's a good idea to..., remember to..., You should... 等。据此，学生可能生成如下建议：

First of all, you should find out your good points.

Remember to be a humorous person and everyone will like you.

Don't forget the old ones when you get new friends.

How about sharing your good things with your best friends？

It's a good idea to smile at everything unhappy and be a bright person.

（4）小组讨论互动完毕后，教师可要求学生进行写前的思考整理。此时教师可安排如下任务：

Please use one or two sentences in your own words to conclude your opinion about what the real friendship is.

学生通过讨论、互动以及思考沉淀使情感得到升华，并加深对真正友谊的理解和对朋友的感恩之情，从而可能产生如下输出：

① A friend is the God's way of taking care of us: We cannot live well without friends.

② A truly friend is like gold under the ground: No friend will come to you unless you dig it out by yourself.

（5）教师展示范文，要求学生认真阅读范文，把握文章的整体结构、写作思路和语言组织。学生在整体感知的情况下思考自己的行文思路。

Dear Marshall,

Do you know the friendship is an important part of our life? If you do, why don't you find your real friend? As you know, no one can sail the ocean of life alone.

When you find the world is not as wonderful as you think it is, or you think that you are not a perfect person, please remember your good points. Try to imagine that you are a humorous man with lots of bright points, and maybe others will see you as you see yourself. Believe that smile at others and they will smile back. So, never lose your smiling. Never believe the tears; they can't bring anything to you, only sadness. When you think every-thing is great, and the happiness is just around the corner. See your troubles as chances, and you will hear the voice of happiness. Respect others. Show everything with them and share your happiness with them. Love everyone by heart. Never complain others or your life, because if you think there is something wrong, the wrong one aren't others, it's just you. Although you think it isn't. What's the most important thing is to cherish your friendship, cherish yourself. Never give up anyone of them, forever and ever.

Everybody is a tree growing in the garden of life, and the friendship is the fruit from the God. To be a happy and rich man, just like a child.

Best wishes.

Yours

Lily

（6）学生根据范文进行仿写，其间教师可进行巡视，监控学生的写作过程，同时为学生提供帮助。

（7）学生写好作文后，教师可先让学生两两互相批改，然后每组收集本组成员的错误句子并呈现给全班同学，让全班同学一起纠正，并给出建议。

（8）学生改正自己的错误句子，整理行文思路并修改，最后定稿交由老师批改。

分析：该教学案例属于话题式写作教学实践，所选取的话题与学生生活和知识的契合能够使学生感受到英语的实用性，更加乐意学习英语、学习写作。本次教学实践选择了与学生生活联系最为紧密的 friendship，因而更容易激发学生参与的积极性,学生有实事可写就会有话可说。另外,本次教学实践中的不同层次任务的设计能够引导学生从单词到句子再到语篇的课堂动态生成,从而帮助学生逐步丰富写作素材。而仿写和学生相互批阅的环节则增加了学生多方位接触写作的机会,增进了学生的写作体验。

# 第八章　高校英语翻译的技巧和方法

## 第一节　词汇层面上的翻译技巧和方法

### 一、词义的选择、引申和褒贬

（一）词义的选择

在翻译过程中，首先碰到的问题是词义的选择。英语中一词多义，汉语中一字多义，这是常见的语言现象。语言学派创始人弗思指出："Each word when used in a new context is a new word."这充分体现了英语词汇的灵活性。

因此，正确选择词义成为翻译过程中极其重要的一步。

汉语词汇也是如此，下面请看关于"上"的例子：

上班 go to work

上当 be taken in

上课 attend class

上年纪 be getting on in years

上市 come on the market

再请看"轻"在下列句子中的含义：

这件大衣很轻，但非常暖和。

This coat is light but very warm.

易碎品——小心轻放

Fragile—handle with care

他年纪虽轻，但做事非常负责。

He is young at age but very responsible in work.

不要轻看自己。

Don't belittle yourself.

不要轻易做出选择。

Don't make choices so easily.

今天我有些轻微的头疼。

I've got a slight headache today.

不难看出，翻译中选义的难易程度有多方面的因素在起作用，除了语言工具书可以帮助翻译，还要借助具体的语境。

## （二）词义的引申

词义的引申指的是在一个词所具有的基本词义的基础上，进一步加以引申，选择比较恰当的汉语词来表达，使原文的思想表现得更加准确，译文更加流畅。词义引申主要使用词义转译、词义抽象化、词义具体化等方法实现。

### 1. 词义转译

有些词照搬词典翻译，会使译文晦涩、含混，甚至造成误解。这时就应根据句、文逻辑关系引申转译。如：

（1）heavy 的基本词义是重，heavy crop 引申为大丰收，heavy current 引申为强电流，heavy traffic 引申为交通拥挤等。

（2）sharp 的基本词义是锋利的、尖的，sharp eyes 引申为敏锐的目光，sharp image 引申为清晰的形象，sharp voice 引申为刺耳的声音，sharp temper 引申为易怒的脾气等。

### 2. 词义抽象化

英语中常常用一个表示具体形象的词来表示一种属性、一个事物或一种概念。翻译这类词时，一般可将其词义作抽象化的引申，译文才能流畅、自然。如：

（1）Every life has its roses and thorns. 每个人的生活都有甜有苦。（roses

和 thorns 抽象化后引申为"甜"和"苦")

（2）We have to cut through all of the red tape to expand to the French market. 我们必须克服所有的"繁文缛节"，开拓法国市场。（red tape 抽象化后引申为"繁文缛节"）

（3）Mary stands head and shoulder above her classmates in playing tennis. 玛丽打网球的水平在班里可以说是"鹤立鸡群"。（head and shoulder 抽象化后引申为"鹤立鸡群"）

3. 词义具体化

英语中许多词意义较笼统、抽象，根据汉语表达习惯，引申为意义较明确、具体的词。这样，译文表达清晰、流畅，更加形象生动。如：

（1）The car in front of me stalled and I missed the green. 我前面的那辆车停住了，我错过了绿灯。（green 具体化后引申为"绿灯"）

（2）The big house on the hill is my ambition. 山上的那间大房子是我渴望得到的东西。（ambition 具体化后引申为"渴望得到的东西"）

### （三）词义的褒贬

为了忠实于原文，仅查看词典是不够的。译者还必须正确理解原文背景，了解其思想内容等，然后选用适当的语言手段来加以表达。原文中有些词本身就含有褒义或贬义，译者在翻译时要相应地将其表达出来，但有些词孤立起来看是中性的，而放在上下文中揣摩则可增添其褒贬色彩，译者在翻译时也应恰如其分地将其表达出来。

英语中有些词不具有褒贬色彩，但根据语言表达的需要，翻译时要译出褒义或贬义以达到更加忠实于原文的目的。

## 二、词类的转换

在翻译实践中，要做到既忠实于原文又符合译文的语言规范，就不能机械地按原文词类"对号入座"，逐字硬译，而需要适当改变一些词类，即把原文中属于某种词类的词在译文中转译成另一种词类。这就是现在要讨论的词类的转换。

词类转换在英译汉和汉译英时都是非常重要的手段之一，运用得当，可使译文通顺流畅，符合英汉习惯。现将英译汉及汉译英时最常见的词类转换介绍如下。

## （一）英语名词的转换

英语中名词使用的概率较汉语高，而且词义相当灵活，翻译时要从其基本意义出发，符合汉语习惯，联系上下文加以词类转换等灵活处理。通常英语名词可转译成汉语动词、形容词或副词。

1. 英语名词转译成汉语动词

（1）由动词派生的英语名词常常转译成汉语动词

例如，Her decision to retire surprised us all. 她决定退休，我们大为惊讶。

（2）具有动词意义的英语名词常常转译成汉语动词

例如，Every morning, she would go to the park for a walk. 每天早晨，她都要去公园散步。

（3）表示身份或职业的英语名词常常转换成汉语动词

例如，She was a winner in this competition with her amazing performance. 凭着出色的表演，她赢得了这场比赛。

2. 英语名词转译成汉语形容词

（1）由形容词派生的英语名词可转译成汉语形容词。

例如，She is a real beauty. 她非常漂亮。

（2）一些加不定冠词作表语或作定语的英语名词可转译成汉语形容词。

例如，The promotion was a success. 这次促销活动是成功的。

3. 英语名词转译成汉语副词

英语中有些抽象意义的名词可以转译成汉语副词。

例如，It is our pleasure to note that China has made great progress in economy. 我们很高兴地看到，中国的经济已经有了很大的发展。

## （二）英语形容词的转换

英语形容词可转译成汉语动词、副词或名词。

#### 1. 英语形容词转译成汉语动词

英语中有些表示知觉、欲望等心理状态的形容词作表语时，可以转译成汉语动词。

例如，Doctors said that they were not sure they could save her life. 医生们说他们不敢肯定能救得了她的命。

#### 2. 英语形容词转译成汉语副词

英语名词译成汉语动词时，修饰名词的形容词常常转译成汉语副词。

例如，I like having brief naps in the noon. 我喜欢在中午短短地睡上一小会儿。

#### 3. 英语形容词转译成汉语名词

（1）表示特征或性质的英语形容词可转译成汉语名词

例如，The more carbon the steel contains, the harder and stronger it is. 钢中含碳量越多，其越硬越强。

（2）有些英语形容词前加上定冠词表示某一类人时可转译成汉语名词

例如，They are going to build a school for the blind and the deaf. 他们将为盲人和聋人修建一所学校。

### （三）英语副词的转换

英语副词可转译成汉语名词、形容词或动词。

#### 1. 英语副词转译成汉语名词

有些英语副词因表达需要可转译成汉语名词。

例如，He is physically weak but mentally sound. 他身体虽弱，但思想很健康。

#### 2. 英语副词转译成汉语形容词

有些英语副词因表达需要可转译成汉语形容词。

例如，The film impressed me deeply. 这部电影给我留下了深刻的印象。

#### 3. 英语副词转译成汉语动词

有些英语副词因表达需要可转译成汉语动词。

例如，Now, I must be away. 现在，我该离开了。

## （四）英语动词的转换

英语动词可转译成汉语名词或副词。

**1. 英语动词转译成汉语名词**

（1）英语中有些动词，特别是名词派生或名词转用的动词，在汉语中不易找到相应的动词，翻译时可将其转译成汉语名词。

例如，Most students behaved respectfully towards their teachers. 大部分学生对老师的态度都很恭敬。（名词转用的动词）

（2）有些英语被动式句子中的动词，可以译成"受到/遭到……+名词"或"予以/加以+名词"的结构。

例如，He was snuffed by the top-ranking officials there. 他受到那边高级官员们的冷遇。

**2. 英语动词转译成汉语副词**

英语中有些动词具有汉语副词的含义，可以转译成汉语副词。

例如，When I leave the house, I always watch out. 我出门时总是非常小心。

## （五）英语介词的转换

英语介词搭配多样，关系复杂，运用广泛，翻译时应根据上下文灵活处理，通常可转译成汉语动词。

例如，He is leaving for Beijing at nine o'clock this morning. 今天上午9点他将动身去北京。

## （六）汉语动词的转换

**1. 汉语动词转译成英语名词**

汉语中动词使用较频繁，而且常常几个动词连起来使用。英语中名词使用较多，在汉译英时，可根据需要将汉语动词转译成英语名词。

例如，说来话长：It is a long story.

**2. 汉语动词转译成英语形容词**

汉语中一些动词往往可以转译成英语形容词，常用"be+形容词"来表达。

例如，他连续24小时上网，这可说不过去。He has been on line for 24

hours in a row. This is inexcusable.

#### 3. 汉语动词转译成英语介词或介词短语

介词的使用在英语中也非常灵活，在汉译英时，可根据需要将汉语动词转译成英语介词或介词短语。

例如，如果遇到火灾，首先要切断电源。Break the circuit first in case of fire.

#### 4. 汉语动词转译成英语副词

同样，有些汉语动词也可用英语副词来表达，这样用词更加简明，意思也非常准确。

例如，灯开着，但没有人在家。The light was on, but nobody was in.

### （七）汉语名词的转换

有些汉语名词在翻译时，也可转译成英语动词。但是，同时须注意，如果汉语前有形容词修饰语，则也要随之转换成英语副词。

例如，他的呼吸有大蒜的味道。His breath smells of garlic.

### （八）汉语形容词或副词的转换

汉语形容词或副词可以转译成英语名词，这主要是语法结构或修辞上的需要。

例如，思想交流是十分必要的。Exchange of ideas is a vital necessity.

## 三、增译法和减译法

作为翻译的一个普遍原则，译者不应对原文的内容随意增添或缩减。不过，由于英、汉两种语言文字之间存在的差异，在实际翻译过程中很难做到词字上的完全对应。因此，为了准确地传达出原文的信息，译者往往需要对译文做一些增添或删减，把原文中隐含的一些东西适当增补出来，或删去一些可有可无、不符合译文习惯表达法的词语，以便于读者理解。

### （一）增译法

增译法是指在保持原文思想内容完全一致的前提下，在译文上做必要增补，增加一些原文字面上没有的词、词组甚至句子，更加忠实流畅地表达原文的意思。英译汉的增词主要是出于汉语表达的需要，用增词法译出原文所省略的词语，增添必要的连接词、量词或表现复数概念、不同的时态或先后顺序的词，或从修辞连贯等方面考虑，使译文的遣词造句符合汉语的表达习惯。

（二）减译法

减译法又称省略法，是与增译法相对应的翻译方法。一般来说，汉语较英语简练。英译汉时，许多在原文中必不可少的词语如果原原本本地译成汉语，就会成为不必要的冗词，译文会显得十分累赘，因此减译法在英译汉中使用得非常广泛，其主要目的是删去一些可有可无、不符合译文习惯表达法的词语，如实词中的代词、动词的省略，虚词中的冠词、介词和连词的省略等。

# 第二节 句子层面上的翻译技巧和方法

英语文体各异，句型复杂，长句的出现频率高，逻辑性强，给译者增添了许多困难。然而英语语言具有"形合"的特点，无论多长、多么复杂的结构，都是由一些基本的成分组成的。译者首先要找出句子的主干结构，弄清楚句子的主语、谓语和宾语，然后再分析从句和短句的功能，分析句子中是否有固定搭配、插入语等其他成分。最后，再按照汉语的特点和表达方式组织译文，这样就能保证对句子的正确理解。

## 一、被动语态的翻译

英语中被动语态使用范围很广，凡是在不必说出主动者、不愿说出主动者、无从说出主动者或者是为了便于连贯上下文等情形下，往往都用被动语态。汉语中虽然也有被动语态，但是使用范围狭窄得多。英语中被动语态的句子译成汉语时，很多情况下都可译成主动句，但也有一些可以保留被动语态。

## （一）转换成主动语态

在有些情况下，可变换语态，将原来的被动语态转换成主动语态，使译文明确易懂。

（1）A contingency plan against bankruptcy was hastily drawn up.

译文：防止破产倒闭的应急计划很快制订出来了。

（2）The special challenge that advertising presents can be illustrated by a statement made by the president of a major advertising agency in New York.

译文：纽约一家主要广告公司的总裁所做的陈述，可以阐释当前广告业所面临的特殊困难（原文中被动语态译为主动结构，原文中的主语在译文中作宾语）。

（3）This Contract is made by and between the Buyer and the Seller, whereby the Buyer agrees to buy and the Seller agrees to sell the under mentioned commodity according to the terms and conditions stipulated below.

译文：买卖双方同意按下列条款买卖下述商品，并签订本合同。

## （二）保留被动语态

在进行英译汉时，语态不变，仍然保持原来的被动语态，但译者常常需要在主谓语之间加上一些汉语中表示被动的介词，如"被……""给……""受……""为……所……""遭……"等。

（1）Competition in business is regarded to be a means to earn money.

译文：商业竞争被认为是一种挣钱手段。

（2）Although Americans today are likely to think that Alger's stories are too good to be true, they continue to be inspired by the idea of earning wealth and success as an entrepreneur who makes it on his own.

译文：尽管今天美国人有可能认为阿尔杰的故事好得令人难以置信，但是他们依然为那种自力更生赢得财富和成功的企业家精神所鼓舞。

句中的"they continue to be inspired by the idea of earning wealth and success as an entrepreneur who makes it on his own"采用的是被动语态，在翻译成汉语时，可以保持原来的语态，只是在主谓语之间加上汉语中表示被动的介词"为……所……"就可以了。

## （三）译成无主句

（1）Your early confirmation would be greatly appreciated.

译文：万分感谢您能早日给予确认。

（2）On the whole such a conclusion can be drawn with a certain degree of confidence, but only if the child can be assumed to have had the same attitude towards the test as the other with whom he is being compared, and only if he was not punished by lack of relevant information which they possessed.

译文：总的来说，得出这种结论是有一定程度把握的，但必须具备两个条件：能够假定这个孩子对测试的态度和与他比较的另一个孩子的态度相同；他也没有因为缺乏别的孩子已掌握的有关知识而被扣分。

（3）Great efforts should be made to inform young people especially the dreadful consequences of taking up the habit of smoking.

译文：应该尽最大努力告知年轻人吸烟的危害，特别是吸烟上瘾后的可怕后果。

赏析：上述三例使用的是被动语态，句子中没有施动者。在进行翻译时，可以将其翻译成汉语的无主句。

## （四）"A be done"结构的处理

有时由于种种原因，英语被动句中省略了谓语动词的施动者，构成"A be done"结构。如果翻译时将其转换成主动语态，就变成了"do A"结构。在这种情况下，往往需要加上泛指性的主语，如"我们""人们""大家""有人"等，或者将其翻译成汉语的无主句。

（1）The daily closing balance per account shall be checked against actual cash on hand.

译文a：每日终了，我们应结出账面余额，并与实际库存核对相符。

译文b：每日终了，应结出账面余额，并与实际库存核对相符。

上句使用的是被动语态，句子中没有施动者。在进行翻译时，可以在句首加上泛指性主语"我们"，如译文a，也可以将其翻译成汉语的无主句，如译文b。

（2）It is essentially stressed that the Buyers are requested to sign and return the duplicate of this contract within 3 days from the date of receipt. In the event of failure to do this, the Sellers reserve the right to cancel the contract.

译文：必须强调：买方应于收到本合同之日起3日内签字并返还合同的副本，如买方不这样做，卖方保留取消合同的权利。

总之，正确理解与翻译英语复合句是英语翻译的重点之一，而要正确理解与翻译这些句子，关键是要准确划分原文句子结构，正确理解英、汉两种语言在结构、语序及语态方面的差异。要能正确处理好句子中各成分之间的复杂语法修饰关系和内在逻辑关系，还需要人们在商务翻译实践中不断地进行探索。

## 二、定语从句的翻译

在英语中，定语从句分为限制性从句与非限制性从句两种，在句中的位置一般是在其所修饰的先行词后面。限制性定语从句与非限制性定语从句的区别主要在于限制意义的大小。而汉语中定语作为修饰语通常在其所修饰的词前面，并且没有限制意义的大小之分，因此，限制与非限制在翻译中并不起十分重要的作用。英语中多用结构复杂的定语从句，而汉语中修饰语不宜臃肿，所以，在翻译定语从句时，一定要考虑到汉语的表达习惯。如果英语的定语从句太长，无论是限制性的还是非限制性的，都不宜译成汉语中的定语，而应用其他方法处理。英语中单个词作定语时，除少数情况外，一般都放在中心词前面；而词组、介词短语、从句作定语时，则一般放在中心词后面。在了解英、汉两种语言差异的基础上，以下介绍几种适合商务句子的翻译方法。

### （一）前置法

前置法即在英译汉时把定语从句放到所修饰的先行词前面，可以用"的"来连接。既然定语从句的意义是作定语修饰语，那么在翻译的时候，通常把较短的定语从句译成带"的"的前置定语，放在定语从句的先行词前面。在商务翻译实践中，人们发现前置法比较适合翻译结构和意义较为简单的限制性定语从句，而一些较短的具有描述性的非限制性定语从句也可采用前置法，但不如限制性定语从句使用得普遍。例如：

（1）The role of selling in our society is to identify and provide the goods and services that will satisfy the needs of the consumers.

译文：销售在社会中的作用就是识别并提供那些能够满足消费者需求的商品和服务。

赏析：在这句话中，限制性定语从句"that will satisfy the needs of the consumers"用来修饰其名词中心词"goods and services"。该定语从句比较短，我们在翻译时往往将其前置到先行词前面，使译文符合汉语的表达习惯。

（2）In an urban culture, where mobility is valued, and land is not an issue, female talents are more emphasized.

译文 a：在现代城市人的观念中，价值就是流动性，与土地无关，人们更加注重的是女性的才能。

译文 b：在重视流动性且土地不成为其问题的城市文化中，女性的才能更受重视。

赏析：该句中"where mobility is valued, and land is not an issue"为非限制性定语从句。非限制性定语从句通常有两种译法，一是译成前置结构放在所修饰的先行词前面；二是后置或译成并列的分句，或单独成句。译文 a 采用后置法，按照英文原文的顺序翻译，令人感觉意思不明。而译文 b 译为"的"字结构，置于先行词之前，更符合汉语表达习惯。

（二）后置法

后置法即在英译汉时把定语从句放在所修饰的先行词后面，翻译为并列分句。英语的定语从句结构常常比较复杂，如果译成汉语时把它放在其修饰的先行词前面，会显得定语太臃肿，而无法叙述清楚。这时，可以把定语从句放在先行词后面，译成并列分句，重复或者省略关系代词所代表的含义，有时还可以完全脱离主句而独立成句。例如：

（1）The importer can sell the goods to a new buyer while they are being carried by means of negotiable shipping documents which are very convenient for use.

译文 a：进口商可以通过使用起来非常方便的可转让的运输单据将货物在运输途中卖给新的卖方。

译文 b：进口商可以通过可转让的运输单据将货物在运输途中卖给新的卖方，这类可转让单据用起来非常方便。

赏析：译文 a 中将"which"引导的限制性定语从句前置，显得累赘拗口；而译文 b 采用后置的方法，重复先行词"negotiable shipping documents"，使得译文表意明确。

（2）The fact that these early entrepreneurs built great industries out of very little made them seem to millions of Americans like the heroes of the early frontier days who went into the vast wilderness of the United States and turned the forests into farms, villages and small cities.

译文：这些早期的企业家几乎白手起家却创造了宏大的产业，在千百万美国人看来，他们恰如早期拓荒时代的英雄，走进美国一望无际的荒野，将森林变成了农场、村庄和小城镇。

赏析：在这句话中，限制性定语从句"who went into the vast wilderness of the United States and turned the forests into farms, villages and small cities"用来修饰其先行词"heroes of the early frontier days"。该定语从句较长，如果将其前置译成定语，译文比较累赘，也使人很难理解。在这种情况下，将定语从句从引导词"who"这里与主句拆开来，译成并列的分句并省略先行词，译文就简洁明了。

（3）The strong influence of the success stories of the early entrepreneurs on the masses of Americans can be found in the great popularity of the novels of Alger, which were published in late nineteenth and early twentieth century America.

译文：阿尔杰的小说大受欢迎，我们可以从中发现早期企业家的成功故事对美国大众所产生的强烈影响。这些小说于19世纪末20世纪初发行于美国。

赏析：在该句中，非限制性定语从句"which were published in late nineteenth and early twentieth century America"修饰中心词"the novels of Alger"。译文采用后置法，将定语从句和主句拆开来译。定语从句重复先行词，并独立成句。

## (三)融合法

融合法即把主句和定语从句融合成一个简单句,其中的定语从句译成单句中的谓语部分。由于限制性定语从句与主句关系较紧密,所以,融合法多用于翻译限制性定语从句,尤其是"there be"结构带有定语从句的句型。例如:

(1) Still, XianDai executives returned home with growing fears that their Chinese rivals are closing the technological and design gap with Republic of Korea—a development that could be disastrous for the company.

译文:然而,现代汽车的高管回到韩国后,越来越担心中国竞争对手正在科技和设计方面缩小与韩国的差距,对该公司而言,这种发展可能是灾难性的。

赏析:该例含有限制性定语从句。主句和定语从句关系密切,但强调的重点在定语从句。翻译时将主语译为名词词组,将定语从句译为谓语部分,关系词"that"省略,构成主谓结构。

(2) Most of the staff, who have hand signals spelling "welcome" printed on the back of their T-shirts, used to spend their days shut off from the public in special workshops for the handicapped, making things like jewellery or packaging.

译文:(咖啡屋)大多数工作人员在T恤衫后背上印有表示"欢迎"的手势,他们过去过着与公众隔绝的日子,在为残疾人开设的特殊车间里生产珠宝之类的东西或负责包装。

赏析:该例非限制性定语从句的翻译亦使用了融合法。译文将主句的主语与非限制性定语从句融合在一起,重新组合成句。

## (四)状译法

英语的定语从句与汉语中的定语还有一个不同的地方,即英语中有些定语从句和主句关系不密切,它从语法上看是修饰定语从句的先行词的,但限制作用不强,实际上是修饰主句的谓语或全句,起状语的作用。也就是说,有些定语从句兼有状语从句的功能,在意义上与主句有状语关系,表明原因、结果、目的、让步、假设等关系。在这种情况下,需要灵活处理,在准确理解英语原文的基础上,弄清楚逻辑关系,然后把英语中的这些定语从句翻译成各种相应的分句。因此,应视情况将其翻译成相应的状语从句,从而更清晰明确地传达出原文中的逻辑关系。

（1）An automatic production line is excellent for the automotive industry where thousands of identical parts are produced.

译文：自动生产线非常适用于汽车工业，因为那里要生产成千上万个同样的零件。

赏析：在这句话中，"An automatic production line is excellent for the automotive industry" 是主句，"where thousands of identical parts are produced" 为限制性定语从句。从语法意义上看，该定语从句修饰其前的先行词 "the automotive industry"，但是从逻辑意义上看，该定语从句与主句之间为因果关系。译文将该定语从句转译成原因状语从句，清晰明确地显示出句子间的逻辑关系。

（2）I think it will grow even on non-irrigated land where there is a forest belt.

译文：我想即使在没有灌溉的土地上，只要有一条树林带，它还是会生长的。

（3）Efforts to bring industrial development to what was a backward agricultural area caused a population boom and a shortage of housing, which local builders tried to meet with cheap, jerry-built homes, or by adding extra floors to existing houses.

译文：为落后的农业区带来工业发展的努力导致了人口激增和住房短缺，因此，为满足需要，当地建房者千方百计用廉价劣质的建材盖房子，或在现有住房上添加楼层。

赏析：该定语从句有表示结果的状语从句的功能，故译为结果状语从句。

（4）Any worker who dirty or who soils a wall with his hands or feet is docked a day, spay.

译文 a：任何脏兮兮或者用手脚弄脏了墙壁的工人扣薪一天。

译文 b：任何职工，若服装不整洁，或用手脚污损了墙壁，就扣薪一天。

赏析：比较上面译文，不难发现，该定语从句若转译为条件状语从句，更符合汉语表达方式。

（5）Electronic computers, which have many advantages, cannot carry out creative work or replace men.

译文：尽管电子计算机有许多优点，但是它们不能进行创造性工作，也不能代替人。

赏析：该定语从句有表示让步的状语从句的功能，故转译为让步状语从句。

由此可见，语言的表达是灵活的。英语中的定语从句应根据原文的文体风格、原文内容、上下文的内在逻辑关系灵活处理。在翻译一个句子，特别是当原作语言和译作语言在语法结构和语义结构上差异较大时，往往要经过一个分析、转换和重组的过程。理想的翻译结果是在重组的过程中，两种语言的信息能产生共同的语义结构，并达到概念等值，最终使译文的读者对译文信息的反映与原文的读者对原文信息的反映趋于一致。

## 三、状语从句的翻译

英语的状语从句在句中可以表示时间、地点、原因、条件、让步、方式、比较、目的和结果等意义。表示不同意义的状语从句在句中分别由不同的从属连词引导。英、汉语言中状语从句位置不同。英语中状语从句多处在宾语后的句尾，即主＋谓＋宾＋状，但有时也出现在句首，而汉语中状语的位置比较固定，汉语中状语往往位于主谓语中间，即主＋状＋谓＋宾；或者为了表示强调，状语也常常位于主语之前。因此，人们在进行英译汉翻译时要遵循汉语的表达习惯，相应地进行语序调整，不能过分受制于原文的语序和结构。例如：

（1）You may also need resumes and appropriate cover letters if you decide to send out unsolicited applications to the companies you have discovered in your initial search.

译文：你如果决定向那些首次搜寻中所发现的公司主动投寄求职信的话，也许还需要简历和相应的自荐信。

赏析：在这句话中，"if"引导条件状语从句，译文将条件状语从句前置到主谓语之间。

（2）When the levels reached 6 percent, the crew members would become mentally confused, unable to take measures to preserve their lives.

译文：当含量达到 6% 时，飞船上的人员将会神经错乱，无法采取保护自己生命的措施。

赏析：译文中时间状语从句置于句首。

（3）The Greeks assumed that the structure of language had some connections with the process of thought, which took root in Europe long before people realized how diverse languages could be.

译文 a：希腊人认为，语言结构与思维过程之间存在某种联系。这个观点早在人们认识到语言的千差万别之前，就已在欧洲扎根了。

译文 b：希腊人认为，语言结构与思维过程之间存在某种联系。这个观点在人们充分意识到语言形态万千之前，早就在欧洲扎根了。

赏析：时间状语从句 "long before people realized how diverse languages could be" 翻译成汉语的时间状语。译文 a 比译文 b 通顺，且更符合汉语表达习惯。

（4）The policies open to developing countries are more limited than for industrialized nations because the proper economies respond less to changing conditions and administrative control.

译文：由于贫穷国家的经济对形势变化的适应能力差一些，政府对这种经济的控制作用也小一些，所以发展中国家所能采取的政策比起工业化国家来就更有局限性。

赏析：译文中原因状语从句置于句首。

（5）Electricity is such a part of our everyday lives and so much taken for granted nowadays that we rarely think twice when we switch on the light or turn on the radio.

译文：电已成为我们日常生活中如此寻常的一部分，而且现在人们认为电是理所当然的事，所以我们在开电灯或开收音机时，就很少再去想一想电是怎么来的。

赏析：译文中结果状语从句置于句尾，与原文顺序一致。

（6）The first two must be equal for all who are being compared, if any comparison in terms of intelligence is to be made.

译文：如果要从智力方面进行任何比较的话，那么对所有被比较者来说，前两个因素必须是一致的。

赏析：译文中条件状语从句置于句首。

（7）Therefore, although technical advances in food production and processing will perhaps be needed to ensure food availability, meeting food needs will depend much more on equalizing economic power among the various segments of populations within the developing countries themselves.

译文：因此，尽管也许需要粮食生产和加工方面的技术进步来确保粮食的供给，但是满足粮食需求更多的是取决于使发展中国家内部的人口各阶层具有同等的经济实力。

赏析：译文中让步状语从句置于句首。

## 第三节　语篇层面上的翻译技巧和方法

句子是语法分析的理想单位，但在运用语言进行实际交往中，语言的基本单位则是语篇。语篇是由句子组建而成的，是人们运用语言符号进行交往的意义单位，故可长可短。一部长篇小说是一个语篇；一个句子或短语，甚至一个词，都能构成语篇。因此，译者一定要把握好对语篇的翻译。

### 一、语篇概述

"语篇"（text）这个术语在不同学者的著述中具有不同的含义。胡壮麟在其《语篇的衔接与连贯》一书中指出，语篇是"任何不完全受句子语法约束的在一定语境下表示完整语义的自然语言"。当代语言学家韩礼德和哈桑在《英语的衔接》中指出："语篇指任何长度的、在语义上完整的口语和书面语的段落，它与句子或小句的关系不在于语篇的长短，而在于衔接。""语篇与非语篇的根本区别在于是否具有语篇性——而语篇性是由衔接关系形成的。"

概而言之，语篇是高于句子的语言层面，能够独立完成某种特定交际功能的语言单位。语篇是语言结构和翻译的最大单位。语篇可以以对话形式出现，也可以独白形式出现；可以是众人的随意交谈，也可以是挖空心思的诗作、精心布局的小说或故事。但是，需要注意的是，语篇并不一定就是一大段话，只要是表达了一个完整的意思，那么一个词语也可以称为语篇。例如，溺水者高呼一声："Help！"这简单的一个词也可构成完整的语篇；公共场所的告示"No smoking"，虽然是个短语，但是个完整的语义单位，有其交际目的和功能，也应看作完整的语篇。

随着语篇意识的不断推广，语篇翻译的理念逐渐受到重视。翻译的视角也从以句子为中心的模式转移到了整体语篇的翻译模式，以语篇为基准进行翻译操作。译者要实现译文的功能和目的，通常需要以篇章为翻译单位，即从篇章着眼，从词、词组、句子、语段等不同平面着手，达到译义的衔接与连贯及整体格调、布局的得体。

语篇作为一种"交际活动"，有其自身的标准。语篇语言学者博格兰德和德雷斯勒认为，它必须具备七项标准：衔接性、连贯性、意向性、可接受性、语境性、信息性和语篇参照性（互文性）。

语篇具有语篇特征，即一个连贯的语篇必须具有衔接成分，同时必须符合语义、语用和认知原则，句子与句子之间在概念上必须有联系，句子与句子的排列必须符合逻辑。判断语篇的标准，不在于有没有衔接词，而在于是否有意义上的联系。韩礼德与哈桑在其合著的《英语的衔接》中，曾就语篇的特性提出既通俗易懂又十分精辟的论断：

A text is a unit of language in use. It is not a grammatical unit, like a clause or a sentence; and it is not defined by its size...A text is not something that is like a sentence, only bigger; it is something that differs from a sentence in kind. A text is best regarded as a semantic unit: a unit not of form but of meaning. Thus it is related to a clause or sentence not by size but by realiation, the coding of one symbolic system on another. A text does not consist of sentences; it is realized by, or encoded in, sentences.

译者语篇意识的强弱对译文质量起着决定性的作用。强调语篇意识是指译者不要仅仅把词、句看作互不相连的单独的个体，而是要在更宏观的语篇框架下把单词、小句看成一个有机的整体进行理解，通过细致地研究文章的遣词用句以揣摩作者字里行间渗透出的深层含义。有语篇意识的译者对于词汇的把握不仅仅停留在单独的、分离的词素单位上，而会从更广义的语篇层面上对词义进行理解。有了语篇意识的介入，译者在翻译时必须更透彻地理解原文的语篇层面，包括文化语境、作者的交际意图、文体及风格等。例如，Waterloo Bridge——魂断蓝桥；Rebecca——蝴蝶梦；The Bridges of Madison Country——廊桥遗梦；Along the Silk Road——丝路花语。

英文中有大量词汇是多义词，如果不考虑它所出现的语境而生搬硬套地随便翻译，不仅会给读者以误导，还不能忠实地传达原文的信息。以上四例如果直译，就会分别变成"滑铁卢桥""丽贝卡""麦迪逊镇的桥"和"沿着丝绸的路"，既不能传递出作者所要表达的内容，又不能给人以美好的想象，这样的翻译十分失败。这也再一次证明语篇意识对译者的重要性。

## 二、语篇分析在翻译中的运用

语篇分析是语言学家哈里斯首先提出来的一个术语，后来被广泛用于社会语言学、语用学、符号学、语篇语言学等领域。自从翻译界将"语篇分析"这个语言学研究的成果嫁接到翻译学科，翻译界对上下文的认识有了一个飞跃，从感性上升到理性，从经验上升到理论。掌握了语篇分析理论，译者就能在跋涉译林时，既看到树木，也看到整片森林，就能将原文的词、句、段置于语篇的整体中去理解、去翻译。因此，译文的整体质量就有了很大的提高。

语篇分析的基本内容包括衔接手段、连贯、影响语篇连贯的因素，其中对译者而言，最为重要的是衔接与连贯。

句子或句群不是杂乱无章地堆砌在一起构成段落与篇章，相反，它们总是依照话题之间的连贯性和话题展开的可能性有规律地从一个话题过渡到另一个话题的。篇章的存在要求其外在形式和内在逻辑，即衔接和连贯具有一致性。作为语言实体，段落与篇章在语义上必须是连贯的，而连贯性在很大程度上需要靠语内衔接来实现。连贯是首要的，衔接要为连贯服务。翻译工作者为了使译文准确、通顺，就必须处理好衔接与连贯问题。在英译汉实践中，译者应该首先吃透原文，了解作者怎样运用衔接手段来达到连贯目的，然后根据英、汉两种语言在形式与逻辑表达上的差别通权达变。

## （一）语篇的衔接

衔接是篇章语言学的重要术语，是语段、语篇的重要特征，也是语篇翻译中的一个重要环节。衔接的优劣，关系到话语题旨或信息能否被读者理解和接受。语篇衔接就是使用一定的语言手段，使一段话中各部分在语法或词汇方面有联系，使句子与句子之间在词法和句法上联系起来。例如：

The human brain weighs three pounds, but in that three pounds are ten billion neurons and a hundred billion smaller cells. These many billions of cells are interconnected in a vastly complicated network that we can't begin to unravel yet...Computer switches and components number in the thousands rather than in the billions.

人脑只有三磅重，但就在这三磅物质中，包含着一百亿个神经细胞及一千亿个更小的细胞。这上百亿、上千亿的细胞相互联系，形成一个无比复杂的网络，人类迄今还无法解开其中的奥秘……电脑的转换器和元件只是成千上万，而不是上百亿、上千亿。

在上例中，billion一词重复出现了四次：ten billion neurons, a hundred billion smaller cells, these many billions of cells, in the billions。很显然，前两次所说的是不同的两种细胞，而第三次是对前两次所说的两种细胞的统称，而第四次是指那两种细胞的数量。因此，在翻译时要对 billion 一词加以注意，应将英语的数目概念改成汉语的数目概念，照顾语篇的连贯，切忌把 These many billions 译成"这许多十亿"和把 in the billions 译成"数以十亿计"，这样会切断语篇的连贯性，让读者不明所以。

句组中的各个句子之间、句组与句组之间需用不同的衔接手段来体现语篇结构上的黏着性和意义上的连贯性。语篇的衔接手段大体可分为词汇手段、语法手段两大类。

### 1. 词汇手段

语篇的连贯可以通过词汇衔接手段予以实现。韩礼德和哈桑认为，英语词汇衔接关系可分为两类，即同现关系和复现关系。此外，运用逻辑连接法也可实现语篇的连贯。

（1）词语之间的同现关系

同现关系指的是词语在语篇中同时出现的倾向性或可能性。一些属于同一个"词汇套"或同一个"词汇链"的词常常一起出现在语篇中，衔接上下文。例如 thirsty 一词常会使人们联想到 drink，water，soda water，mineral water，tea，coffee，coke，beer 等词，这些词可能会在语篇中同时与 thirsty 一词出现。除了这种词之外，反义词也常用来构成词语之间的同现关系。反义词的两极之间可以存在表示不同程度或性质的词语，如在 hot 和 cold 之间尚有 warm，tepid，lukewarm，cool 等词。

（2）词语之间的复现关系

韩礼德和哈桑认为复现关系主要是通过反复使用关键词、同义词、近义词、上义词、下义词、概括词等手段体现的。词语的不同复现手段往往能显示不同的文体或风格特征。他们通过下列例子证明了自己的观点。

原句：There's a boy climbing that tree. 有一个男孩正在爬那棵树。

① The boy's going to fall if he doesn't take care. 那个男孩将会掉下来，如果他不小心。

② The child's going to fall if he doesn't take care. 那个孩子将会掉下来，如果他不小心。

③ The lad's going to fall if he doesn't take care. 那个少年将会掉下来，如果他不小心。

④ The idiot's going to fall if he doesn't take care. 那个笨蛋将会掉下来，如果他不小心。

上例中，①②③④是对原句的复现。①是 boy 一词复现；②中的 child 是 boy 一词的上义词；③中的 lad 是 boy 的同义词；④中的 idiot 则属于概括词，口语中可泛指人（常含贬义色彩或熟稔口吻）。

原句：I turned to the ascent of the peak. 我向顶峰攀登。

① The ascent is perfectly easy. 攀登是十分容易的。

② The task is perfectly easy. 这项任务是十分容易的。

③ It is perfectly easy. 它是十分容易的。

④ The climb is perfectly easy. 攀登是十分容易的。

⑤ The thing is perfectly easy. 这件事是十分容易的。

上例中，原句和①②③④⑤句之间存在着复现关系，其衔接就是通过词汇手段实现的。①是重复使用关键词；②是使用上义词；③是运用代词；④是使用同义词；⑤是使用概括词。

（3）运用逻辑连接语

逻辑连接语指的是表示各种逻辑意义的词、短语或分句，包括以下几种：

①表示句子之间（含句组之间）的时间关系的逻辑连接语。

②表示句子之间的因果和推论关系的逻辑连接语。

③表示句子之间的转折和对比关系的逻辑连接语。

④表示位置、方向和地点等意义的逻辑连接语。

2. 语法手段

句子或句组之间的衔接可以通过语法手段予以实现。其中较为常见的语法手段有以下几种：

（1）动词的时、体变化

动词的时和体可以在句子中起到衔接的作用。

（2）照应手段

照应指的是词语与其所指对象之间的关系。在语篇中，如果对于一个词语的解释不能从词语本身获得，而必须从该词语所指的对象中寻求答案，就产生了照应关系。因此，照应是一种语义关系，是表示语义关系的一种语法手段，也是帮助语篇实现其结构上的衔接和语义上的连贯的一种主要手段。照应关系可分为两种类型，即语内照应和语外照应。语内照应又可分为两种情况：一种是"上指"（anaphora，亦称"反指"），即用一个词或词组替代上文中提到的另一个词或词组；另一种情况是"下指"（cataphora，亦称"预指"），即用一个词或短语来指下文中即将出现的另一个词、短语乃至句子。语外照应是指在语篇中找不到所指对象的照应关系。

（3）替代

替代是一种既可避免重复又能连接上下文的手段，指的是用代替形式来取代上文中的某一成分。替代是一种语法关系，与照应表达对等关系不同，它表达的是一种同类关系。在语篇中，替代形式的意义必须从所替代的成分那里去查找，因而替代是一种重要的衔接语篇的手段。替代可分为名词性替代、动词性替代和分句性替代等多种形式。与英语相比，汉语中替代手段使用的频率较低，汉语往往使用原词复现的方式来达到语篇的衔接与连贯。英语可以用代词 so，do，do the same 等替代形式来替代与上文重复的成分，形成衔接。但是汉语没有类似的替代形式，通常需要用词义重复来连接。因此，译者在翻译时应注意英、汉语的不同表达习惯。

（4）省略

省略指的是把语言结构中的某个成分省去不提。句中的省略成分通常都可以从语境中找到，这样句子与句子之间就形成了连接关系。同替代一样，省略的使用也是为了避免重复，突出主要信息，衔接上下文。作为一种修辞手法，它符合语言使用的经济原则。省略可看作一种特殊的替代——零替代。省略是一种重要的语篇衔接手段。省略也可分为名词性省略、动词性省略和分句性省略。相比较而言，英语的省略现象比汉语要多一些。因为英语的省略多数伴随着形态或形式上的标记，不容易引起歧义。

（5）连接

连接是表示各种逻辑意义的连接手段，连接词又称"逻辑联系语"。连接词既可以是连词，也可以是具有连接意义的副词、介词及短语，还可以是分句。连接关系是通过连接词及一些副词或词组实现的。连接词在语篇中具有专业化的衔接功能，表明了句子间的语义关系，甚至通过前句可从逻辑上预见后句的语义。通过使用各种连接词语，句子间的语义逻辑关系可以明确表示出来。

语篇中的连接成分是具有明确含义的词语。通过这类连接性词语，人们可以了解句子之间的语义联系，并且可以根据前句预见后续句的语义。韩礼德将英语的连接词语按其功能分为四种类型，即添加、递进，转折，因果和时序。这四种连接词的类型可分别由 and，but，so，then 这四个简单连词来表达。它们以简单的形态代表这四种关系。

添加、递进是指写完一句话之后，还有扩展余地，可以在此基础上再添加某些补充信息。表示添加、递进的连接词语有 and，furthermore，in addition，what is more 等。

转折是指后一句的意义与前一句的意义截然相反。前一句的陈述是肯定的，后一句就是否定的；前一句是否定的，后一句则是肯定的。表示转折关系的连接词语有 but，on the other hand，however，conversely 等。

因果连接是指以各种不同方式体现的原因与结果的关系。表示因果关系的连接词语有 because，so，for this reason，consequently 等。

时序性连接词语表示篇章的事件发生的时间关系，这类词语有 formerly，first，then，in the end，next 等。

（6）排比结构

排比结构整齐匀称，意义连贯，能使语言产生和谐的均衡美。它既是一种修辞手法，也是语篇的一种衔接手段。例如：

① If you prick us, do we not bleed？你们要是用刀剑刺我们，我们不是也会出血的吗？

② If you tickle us, do we not laugh？你们要是搔我们的痒，我们不是也会笑起来的吗？

③ If you poison us, do we not die？你们要是用毒害我们，我们不是也会死的吗？

④ And if you wrong us, shall we not revenge？那么要是你们欺侮了我们，我们难道不会复仇吗？

这是莎士比亚的《威尼斯商人》中的名言。同样的句式，整齐排列，译文也采用了排比结构，意思连贯，具有和谐美。

由于衔接是通过词汇或语法手段加以实现的，所以学者们认为它是语篇的"有形网络"。译文也要通过一定的衔接手段，将句子与句子、段落与段落按照逻辑组织起来，构成一个完整或相对完整的语义单位。但是，由于英语和汉语存在不同的语言特点，其衔接手段的侧重点和频繁度也有所不同。英语是形合语言，注重表层语言结构成分的前后照应与衔接。而汉语是意合语言，更注重句子成分之间的逻辑关系，在行文时多以意相连，省略和关联衔接更为频繁。总之，在英汉互译时，译者要通过正确理解联句成篇的衔接手段，更好地把握原文作者的完整逻辑思路，并在生成译文语篇时对原文的衔接方式进行必要的转换和变化，将句子与句子、段落与段落按照逻辑组织起来，构成一个完整或相对完整的语义单位。

## （二）语篇的连贯

语篇既然是语义单位，那么能够称作"语篇"的语言实体必须在语义上是连贯的。语义连贯是构成话语的重要标志。衔接是通过词汇或语法手段使文脉贯通，而连贯是指以信息发出者和接受者双方共同了解的情景为基础，通过逻辑推理来达到语义的连贯。如果说衔接是篇章的有形网络，那么连贯则是篇章的无形网络。译者只有理解看似相互独立、实为相互照应的句内、句间或段间关系并加以充分表达，才能传达原作的题旨和功能。

## （三）影响语篇衔接连贯的因素

语篇的含义主要依赖于语境。语境是语言活动在一定的时间和空间里所处的境况。人们在语言交际的过程中要想顺利地交流思想和理解话语发出者的信息，必须运用语言所依赖的各种表现为言辞的上下文或不表现为言辞的主客观环境因素。这里的上下文和主客观环境因素就是语境。语境有广义语境与狭义语境之分。广义的语境是指对语言交际产生制约作用的社会的、自然的、交际者本身的等各种各样的因素，也称为"情境语境"或"超语言学语境"。狭义的语境是指交际过程中某一话语结构表达某种特定意义时所依赖的各种表现为言辞的上下文，它既包括书面语中的上下文，也包括口语中的前言后语所限定的环境。此处我们主要讨论书面语中的上下文。篇章和语境之间有联系，也有区别。语境用以解决具体词语的词义判断，是为了准确；篇章用以承上启下和前后呼应，为的是使不同段落之间语义连贯，观点清楚，叙述协调。在翻译实践中，要充分注意两者的区别并将其统一在操作过程中。

## （四）衔接、连贯的相互关系

在进行英汉段落与篇章翻译时，语篇的衔接与连贯是必须考虑的两大要素。衔接是一个语义概念，它是存在于语篇中并使语篇得以存在的语言成分之间的语义关系。衔接是语言机制的一部分，它的作用在于运用照应、省略、替代、连接和词汇衔接等手段使各个语言成分成为整体。语篇衔接手段主要有语法手段和词汇手段。在语篇中，语法手段的使用可以起到连句成篇的作用。语篇衔接手段能使语篇结构紧密，逻辑清晰，更好地实现语义的连贯。

连贯是篇章被感到是一个整体而不是一串不相关语句的程度。连贯对于篇章是一个有意义的整体，而非无意义堆砌的一种感觉。衔接是一种篇章的特点，连贯是一个读者对于篇章方面的评价。语篇的连贯性应该经受住对语句的语义连接及语用环境的逻辑推理，所以语篇连贯不仅包括语篇内部意义的衔接，还包括语篇与语境的衔接。连贯语篇的基本标准是其意义形成一个整体，并与语境相关联。

　　衔接是客观的，从理论上讲能够被轻易识别，而连贯是主观的，对篇章中连贯程度的评价将因读者不同而不同。衔接的前提是思维的逻辑性、连贯性，而连贯是交际成功的重要保证。衔接是篇章的外在形式，连贯是篇章的内在逻辑联系。衔接是语篇的有形网络，是语篇表层结构形式之间的语义关系；连贯是语篇的无形网络，是语篇深层的语义或功能连接关系。

# 第九章 高校英语教学的创新发展

## 第一节 高校英语教学的创新模式

### 一、高校英语教学创新的原则

（一）以学生为中心原则

在传统英语教学活动中，教师扮演着主讲的角色，学生则经常扮演着主听的角色。这种传统的教学模式重视英语知识的传授，轻视语言能力的培养。为追求更好的教学效果，有效提升学生的语言运用能力，必须改变这种传统的教学现状。在英语课程的整个教学活动过程中，教师要认识到自己只是教学活动的组织者和引导者。所有的教学活动都应该以学生为中心，因学生是学习的主人。在英语教学活动中，教师必须遵循以学生为中心的教学原则，改变传统的以教师为中心的原则。在英语教学活动中，首要的任务不是教，而是学。有效的语言教学不应违背自然过程，而应适应自然过程；不应阻碍学习，应有助于学习并促进学习；不能令学生去适应教师和教材，而应让教师和教材去适应学生。学生英语水平要提高，必须促使学生自身的语言潜能够被挖掘，否则学生的英语水平很难有显著的提高。能否有效挖掘学生的语言潜能，学生参与学习的积极主动性是关键所在。教师在英语教学过程中，要充分考虑影响学生学习的各种因素，以学生为中心，采用恰当的方式鼓励学生积极主动地参与学习。以学生为中心，虽然增加了教师的教学任务和教学难度，但是会收到更加有效的教学效果，更能体现教师在教学活动中的价值。这就要求教师在平时的教学过程中，必须尽量让学生活动起来，多开展讨论、对话表演甚至模仿编排情景剧等活动。开始操作时可能比较有难度，只要坚持，课堂局面一定会出现改变，而学生的学习积极性也会被充分调动起来。

### （二）素质发展原则

所有的教学活动都要让学生学有所得，提高学生的英语知识积累和运用的能力。具体来说，就是通过教学活动，提升学生英语知识的积累、培养语感、提升英语运用技能，也就是听、说、读、写的能力。全面推进素质教育，要面向每一个学生，要遵循学生的身心发展特点，结合教育规律为学生的全面发展创造条件。实践和创新是素质教育的重点和核心，因此，英语教学的任务就不仅仅是传承知识，更重要的是提升学生的素质，即提升学生英语的实践运用能力和创新学习的能力。这就要求在英语教学活动中，无论是教学内容的选择，还是教学方法的设定，都必须着眼于提升学生的英语学习和语言运用能力，以此来促进学生英语语言素质的快速提升。

### （三）开放性原则

英语教学活动应该是一个开放性的教学活动。教学活动的开放性主要体现在教学的途径和方法上。如在教学过程中，教师在根据教学内容提出问题时应充分考虑到开放性，设置能否启发学生创造性思维的问题，让学生各抒己见。又如，教学形式不要拘泥于传统的方式，可以通过情景对话、表演、游戏等多种方式进行，既能活跃课堂氛围，又能锻炼学生的听、说、读、写等英语实践运用能力。也可以聘请外教，让学生亲自与外教交流，现场体会英语的实际运用情况。除此之外，教师也可以积极开辟第二课堂，聘请专家学者做讲座，介绍有关英语的学习方法以及英美文化，甚至举行各种形式的英语交流座谈会。在开放性原则指导下，教师在教学活动中要勇于突破传统的封闭的课堂教学模式，抓住课堂，重视课外，内外结合，充分利用各种条件，因课制宜，大胆创新和借鉴运用现代化和多样化的教学方法，充分调动学生学习的兴趣，提升学生运用英语的实践能力。

### （四）适应性原则

在英语教学过程中，适应性就是指教育者和教育对象在教学过程中双方的关系比较和谐。这种和谐主要体现在教学的方法、内容适合学生，有利于学生学习新知识，促进自身成长。英语教学中，师生之间的适应性充分体现在英语教师在教学活动中所采用的教学方式遵循了教学规律和学生身心发展规律，激发了学生学习的能动性，提升了学生的学习效果，学生实际运用英语的能力不断提高。适应性原则还体现在因材施教方面，这要求教师在教学活动中，要充分考虑学生的具体情况以及通过教学活动所要达到的目的，教师不仅要掌握学生的生理发展特点和英语知识背景，也要了解学生对于英语这门课的兴趣和认识。学生的这些具体情况都有可能影响到教学的最终成果。所以，创新英语教学模式必须考虑学生的身心发展状况和英语知识背景，以及学生对于英语学习的态度，在了解的基础上设计教学方案，有针对性地引导学生学习英语。

## 二、高校英语教学创新的策略

### （一）创新教学理念

创新高校英语课堂教学模式，首先需要利用先进的理念武装创新人员的头脑，在满足现代社会发展需要的基础上，培养一批具备实践能力和专业知识素养的优秀人才，将先进的教学理念灌输到高校英语课堂教学之中势在必行。在实际操作过程中，学校可以针对教师和学生的实际情况进行专业化的指导和培训，以此使他们能够在先进的教学模式中获得更加长远的发展。同时，随着科学技术的不断发展，微课和翻转课堂逐渐成为教育界新兴的教学资源和教学模式，教师可以在课堂教学过程中将这种教学模式充分利用起来，多组织一些有意义的活动，通过寓教于乐的形式让学生能够从心底真正接受这种教学模式，从而能够充分利用新的教学理念指导学习。

## （二）创新教学方式

现代网络教学模式不仅改变了传统的课堂教学模式，为学生的自我选择提供了开阔的空间，并且网络上的学习资源集图片、文字、声音、影像于一体，具有生动性和趣味性，可很好地锻炼学生听、说、读、写的能力。因此，教师要积极地鼓励学生进行网络自主学习，通过营造轻松愉悦的学习环境，积极引导学生树立合理的英语学习目标，并进一步明确英语学习的意义，以此来提高学生英语口语的表达能力，不断开阔学生的视野。

## （三）创新课堂教学

课堂教学的过程错综复杂，除了要在课堂上进行教学以外，课前教学之前需要做好充足的准备，课堂教学完成后还需要及时地进行回顾性分析，这样才能完成整个课堂教学的内容。课堂教学之前，教师需要对教材进行充分调研，最好能够将现实生活中的例子与教材内容有机地结合起来，抓住学生的心理，找准兴趣点，对重点和难点进行科学的划分，划分好学生自行理解以及需要重点讲解的内容；课堂教学中，教师最好能够进行全英文的对话教学，进而让学生能够更好地适应英语教学环境，通过积极的交流，锻炼学生英语口语的表达能力，及时纠正学生语法上的错误，同时精心设计教学环节，对学生所提的问题不能太过简单也不能太过困难，最好具有一定的启示意义，提高学生的学习效率。在课堂上积极鼓励学生大胆发言，并给予学生一定的发言和表现自己的机会，充分调动学生对英语课堂的参与意识，并逐步提高学生对学习英语的主动性。除此以外，教师还应该根据每位学生英语的实际水平，根据每位学生的差异，进行因材施教。针对每位学生本身的差异和实际情况，制订科学的教学方案，采用不同的教学方式，因地制宜地开展教学活动，或者按照学生实际英语水平的高低合理划分等级，对处于不同等级的学生，采用不同的教学手段和教学模式，尽可能实现一对一的教学，从而就可以全面、快速地了解每个学生的实际英语学习情况。

## （四）创新教学评价

第一，评价形式过程化。外语教学和学生的学习都是一个动态的过程，因此，对外语教学的评估应渗透到学习的每一个阶段和过程，应对学习者在一定时期的学习过程中，在知识、技能、情感、策略等方面进行客观准确的评估。《高校英语课程教学要求》所提倡的以过程性评估为主的模式，更注重学习过程，检查学生是否达到预期的学习目标，不以评定成绩为目的，这种对学生学习过程中的行为表现进行监督和评价的形式，不仅有利于教学信息的及时反馈，且有助于发挥学生的主观能动性，提升自主创新能力和自信心。

第二，评价方式的多元化。在新型的教育评价中，评价方式可能更多地表现为多种评价方式的多元共存。各种评价方式的内在优点，综合地加以运用，协同地进行工作来达到更好的教育评价目的，这应该是高校英语教学评价追求的目标。

第三，评价内容多元化。英语教学目标不应该仅仅是学生的成绩，而应该包括影响学生学习发展的智能和情感的所有因素（如学习兴趣、课堂参与、团队精神、表演才能等），体现多元化的特征。评价是对人的评价，是对人发展的评价，这种评价应该是开放性的、形成性的以及灵活性的，能够促进学生发展智力、健全人格。另外，对整个外语教学过程的评估，也应包括需求分析、课程设计、课堂教学、评价本身等多方面的评估。

第四，评价策略多样化。多元化的评价内容单靠测试是根本无法实现的，必须采用多种评估策略以实现有效的评估。测试只是重要的评估手段之一，除此之外，还应根据具体情况采用适当的评估策略，如课堂活动和课外活动记录、学生学习档案记录、网上自学记录、问卷调查、访谈、座谈、学生自我评估报告等。通过使用多种评价策略，对学生学习过程进行观察、评价和监督，为学生学习提供参考改进的依据。

第五，评价侧重科学化。即使是终结性评估，也更侧重于学生综合运用能力的评价，这种考试也不应以学生所获得的读、写、译考试成绩来代替或平衡听、说能力。由此可以看出，创新和完善后的外语教学评估体系更注重于过程性评估，更侧重于对学生语言运用能力尤其是听、说能力的评价，使评价体系更加科学化。

# 第二节 高校英语教学的创新性发展路径

## 一、改进教学模式

教学模式合适与否，在一定程度上影响到高校英语教学中综合型人才的培养，目前关于素质教育体系下的高校课程教育要求中提出，各高等高校需要充分利用现代化的信息与科学技术，以计算机教学为基础，倡导新形式的课堂教学模式，突出教师引导性作用的发挥，以及学生作为理论性内容与素质化教育主要接受者的地位。教师可根据年级和学生的具体学习状况进行学时与学期的分配，同时配合课堂教学改进教学模式。课堂教学中，学生可将网络自我学习的经验、问题拿来共享，教师逐一解决，从而完善网络教学存在的缺陷，同时活跃课堂教学氛围。此外，针对网络教学模式的实行，在课堂教学中教师应该主要将教学内容与精力放在对学生的练习上，比如词汇、写作、翻译等，通过学生练习情况，并及时发现学生网络自学的问题和难以理解的内容，并给予及时的指导。

高校英语教学应该是一种启蒙性质的教学，学生在教师的指导下，可以从社会生活中选定相应的专题进行分析与探索，高校英语的教学应以教学材料为载体，不断增加丰富的文化背景知识，提高文化素养在课堂教学中的渗透性价值体现。

## 二、创新教学思路

任何一项教学活动的改变都需要有重要的指导思想作为保障，高校英语创新教学的前提就是要在教学思路上有重要的变革。教学思想和教学理念是教学创新的首要任务，高校英语创新要转变传统的以传授知识为主的教学模式。从死记硬背单词转变为培养学生对文章的理解，从重视阅读转变为重视英语的听和说，从对语法的掌握转变为对语感的培养。让学生的英语学习成为综合能力的培养,实现英语的语言本质意义,体现学习英语的文化内涵。

## 三、创新教学过程

我国高校目前采用的英语教学,多数仍然为课堂教学。在课堂教学中,要积极体现英语教学过程的顺畅和整合。在对教材的理解和选择上,要针对大学生的主要特点。例如,在对教材内容的延伸上,要充分注意学生的反应,学生对于陌生的知识和不懂的问题会有直观的感受,教师要在教学过程中,仔细观察学生在学习中的疑问,并及时解决这些问题。创新教学过程可以从教学环境设计、师生互换角色、教学引导等多方面进行,优化教学的各方面组合,提高教学过程的细致性和严谨性。

## 四、优化教学环境

教学环境的好坏,能够在很大程度上影响教学的效果,因此要促进学生创新意识的发展,完善高校英语教学的创新体制转变,需要营造一个相对适宜的教学环境。高校英语教学过程中,则更加需要对教学环境的优化,以积极鼓励学生放松心情,带着兴趣去学习语言,以激发学生的联想力与创造力。具体来讲,适用于高校英语的教学环境,主要包括和谐的课堂氛围、良好的师生关系、丰富的教学材料与教学背景、现代化的教学设施等方面。同时,还应鼓励学生将英语学习融入日常生活中来,在生活中不断学习并掌握英语,以此来促进学生英语学习与运用能力的提升。

优良的教学环境需要与学生多进行思想上的交流与沟通,记录学生的兴趣,并在教学中给予针对性的引导。另外,还需要给予学生充分的肯定与表扬,在教学过程中多鼓励学生,以满足学生的成就感。当学生回答问题正确时,教师可进行赞扬;当学生回答问题出现错误时,教师给予鼓励而不是批评。另外,教师对学生提出批评时,需要注意口气,尽量做到温和且真诚,给学生亲近的感觉,使学生认识到自己的错误并能很好地接受错误、改正错误,激发学生学习的积极性。课堂实际教学也在很大程度上影响着英语教学的创新体制发展以及学生的创造能力发展,因此,教师要注意在教学过程中营造和谐的教学氛围，不断丰富教学材料，积极与学生互动交流，鼓励学生上课发言并提出自己的观点，针对学生的观点可展开小组范围内的讨论。教师在教学过程中，还应该鼓励学生提出问题，用英语对问题进行表述，以提高学生的英语运用能力以及分析问题、理解问题的能力。课外活动也是促进创新教育体制不断完善的重要方式，教师可以多组织学生参与课外英语学习活动，例如演讲比赛、辩论赛、歌曲比赛等，或者为学生提供充分的电影、电视、报纸、杂志等素材，不断开阔学生视野，提高学生创新能力。

## 五、革新教学方法

首先，展开情景教学，在教学的过程中构建真实的情景，或者教师采用多媒体构建与教学内容相符合的情景，让学生在情景中发现问题并进行互相学习，让学生围绕情景进行英语讨论，以此有效培养学生分析问题的能力、运用英语的能力。

其次，师生合理换位。师生合理换位即教师适当进入学生群体，由学生代替教师角色上讲台进行讲解，这种方式需要学生提前备课并进行试讲，在夯实学生基础知识的情况下，还能有效提高学生语言表达和沟通等方面的能力。

最后，课堂表演。这种教学形式主要是促进学生主动学习，同时给学生充分展示自己的机会，学生可以自由分组选择感兴趣的话题进行角色扮演、辩论、话剧等，以促使学生在活跃的课堂氛围中放松自己，从而促进自身英语学习能力和掌握水平的显著提高，进而提高学生的综合能力。

教学方法的革新需要教师教会学生学习与探索的方法，并针对学生的学习方法问题进行及时的指导与改正，鼓励学生大胆质疑，并用英语进行交流与沟通，打破传统的单一化思维模式，从多角度、多层次对问题进行立体分析，并引导学生围绕问题进行丰富的想象，最大限度发挥学生的创造力。

## 六、培养学生的创新能力

### （一）培养学生的求异思维

教师应引导和鼓励学生打破思维定式，敢于"say No"，让学生多侧面、多角度地思考问题。在课堂活动中，作为教学的组织者，教师应经常采用课堂讨论的形式，积极鼓励学生"标新立异"，用自己的独特见解来回答老师提出的问题，让学生各抒己见，展开热烈讨论。对于大胆地提出问题的学生，应该及时表扬，并鼓励学生要注重理解语言的内涵，敢于发表自己的见解。

### （二）以自由宽松的学习氛围发展学生的个性

自由宽松的学习氛围是学生发展个性的土壤，师生之间建立亲密融洽的关系，有利于学生产生创造的能力和信心。教师在英语教学过程中，要重视学生自信心的培养，对于学生的成绩、优点以及思维中的合理因素，要及时给予表扬和鼓励。

### （三）引导学生创造性地学习语言

学生在母语环境中学习英语和母语在语音、词汇和各种表达方式上的冲突，这正是引导学生自觉归纳语言学习规律的最佳切入点。

### （四）合理运用创新型教学手段

以多媒体计算机及网络技术为核心的现代教育技术作为一种创新型教学手段，具有直观性、交互性、生动性等特点，有利于适时拓展教学内容，最大限度地发掘学生的创造力。教师在制作多媒体教学课件时，也常常将自己的创造力融入其中，并以教师的教学创新来推动学生的学习创新。

# 第三节　素质教育与高校英语教学的创新性发展

## 一、素质教育的概念及特征

### （一）素质教育的概念

人的素质本来是指个体先天的生理解剖特征，又称禀赋。还有人把素质定义为人所具有的必需性品质。目前，教育领域中广泛应用的素质理念，主要是指在先天禀赋基础上，个体与后天环境相互作用而形成的相对稳定的个体身心组织结构特征或属性，其是制约人的活动方向、水平、质量的内在因素。素质可以分为生理性素质、心理性素质和社会性素质。由此可见，素质教育就是以学生已有的生理、心理和社会素质为基础，激发学生的主体意识，使学生积极主动和创造性地同化教育者所呈现给他们的科学文化知识，使自己的素质不断得到发展，进而使自己成为独立的、自主的、创造的、负责的主体。总的来说，素质教育的目的，就是使人的生理素质、心理素质、文化素质得到全面的发展。

### （二）高校素质教育的特征

**1.高校素质教育是以学生为主体，以促进学生发展为目的的主体性教育**

高校素质教育作为一种现代的主体性教育，它首先把学生作为教育的主体，以学生已有素质为基础，激活学生主体意识，使自己的素质不断得到发展，并使自己成为独立的、自主的、自由的主体。20世纪90年代以来，人们逐渐认识到人的主体性的呈现和发展，不仅是人的内在需要和必然的过程，而且正是人的主体地位的确立和主体力量的解放才造就了现代化的社会。因此，只有把人作为根本和目的，确定人的主体地位，尊重人的价值和尊严，才能推动社会的全面发展。这样，在高等教育领域，我们必须树立现代的以学生发展为目的的主体性教育，也就是树立素质教育的理念。就我国的高等教育来说，就是树立培养社会主义建设和发展的主体的教育目的。只有这样，教育才能满足现代社会快速发展的需要。

### 2. 高校素质教育是整体的全面发展的教育

素质教育是在人的生理素质、心理素质、文化素质的基础上，通过激发学生的自主性，使人的生理、心理、社会文化素质得到全面整体的协调发展，是教育的立体化、具体化和现代化。我国高等教育长期以来关注的是受教育者的文化和知识水平的提高，而文化和知识教育又主要侧重于科学技术方面的培养。而现代社会发展需要的是既懂专业知识又全面均衡发展的人才，因此要求现代高等教育须是一种全面发展的教育，是一种把通才和专才加以结合，并有所侧重的教育。素质教育全面准确地展示了我国教育体制中各个层次教育的实质，即提高和发展学生的生理素质、心理素质和文化素质"三位一体"的整体素质的过程。

### 3. 培养学生的创造性是高校素质教育的核心所在

素质教育要求把教学活动看成是一种培养学生主动性、创造性的活动，它要求在创造性教学活动中，其尊重学生的主体地位，发挥学生在学习过程中的自觉性、自主性和创造性，不断提高学生的主体意识和创造能力以及在不确定的情境中解决问题的能力和素质。如何在教学活动中培养学生的主动性和创造性呢？这就要求我们必须把师生放在一个创造性教学背景中，要求学生在教师的启发指引下，独立地去发现问题，抓住问题的实质，从不同的视角，遵循不同的思维方式，努力寻求多种解决问题的方式方法。因创造性教学背景往往具有反应性和随机性，师生双方在变化的背景中随时可能遇到新问题和新变化，这就要求双方都要具有发现问题、解决问题的意识和决心。

### 4. 培养学生成为能够进行自我教育的社会主体是高校素质教育的目标

随着社会的进步、科技的迅猛发展，传统的一次性学校教育已无法适应现代社会的挑战，终身教育、终身学习的思想借此而生，"学会学习"成为跨世纪教育改革的主题。培养学生具有自我教育、持续学习的能力，是实现终身教育的前提和基础，这也是未来对教育发展的必然要求。

## （三）高校英语教学素质教育的内容

### 1. 心理素质的培养

心理素质（兴趣、信心、毅力）在高校英语学习的过程中非常重要，以理工科为例，有的理工科的学生能把专业课学得很好，但英语学习一直是比较难。众所周知，在考研时，让一些理工科学生头痛的不是专业课，而是英语。由此可见，将专业课学得很好，说明这些学生的智力素质已达到了相当高的水平，那么英语学不好可能就是心理因素在作怪。语言的学习具有非常强的学科特点，它不是一朝一夕的事情，而是需要一个长期积累的过程。而且在这一过程中，兴趣、信心和毅力起到了很大的作用。因此，教师要有一套行之有效的教学方法，使学生感到学习是一种自我需要，是一种乐趣。如果教师在传授知识的同时，采取不同的讲授形式，时时给学生以耳目一新的感觉，在内容方面与现实生活紧密联系在一起，那么学生的积极性会不断高涨，久而久之就会对英语学习产生浓厚的兴趣。同时，教师在讲授知识时应注意培养学生，特别是基础较差的学生对英语学习的信心。

### 2. 语言文化素质的提高

语言是文化的载体，脱离开文化便无法学习以其为土壤的语言。语言中的习语、俚语、谚语，甚至构词、搭配、句型、语法等语言中最基本的要素，都必须植根于该民族深厚的文化土壤之中。教育的主要任务之一就是丰富学生的知识，在与外国人交往日益密切的今天，只有了解外国的文化、风俗习惯、风土人情才能减少误解，进行高质量的交际。

语言文化素质的提高，具体是指语言知识、语言技能和语言运用等方面能力的提高。语言知识包括语音、词汇、语法和语言背景知识；语言技能指听、说、读、写、译等技能，其建立在具有一定语言知识的基础上的，同时也是正确运用语言的基础，也是英语能力和英语素质的基础。语言知识和语言技能是语言运用的基础，通过对学生进行语言结构和词汇能力的训练，进而才能发挥语言的交际功能。听是学习语言的先决条件；说是表达内心思想的主要途径；阅读是获得信息的主要途径，也是语言交际的重要形式；写是语言的输出，是学习者驾驭语言能力的集中表现；译是英语综合能力的体现，这是考察一个外语学习者对这门语言掌握程度的很好的量尺。语言运用是英语语言交际运用能力的体现。学生只有具有正确和灵活运用语言的能力，方能达到交流思想，传递信息和进行口语、笔语交际的目的。在培养语言运用素质的教学中，还要培养同语言文化相关的文化素质。语言反映文化，其是文化的载体，语言必须以文化为背景。

3. **思想道德素质的教育**

在高校英语素质教育中，贯穿始终的是对学生良好思想道德素质的教育和培养。在教学过程中，教师应结合英语语言文化知识的内容，对学生进行爱国主义、集体主义以及社会主义的教育，培养学生热爱祖国、热爱人民、热爱集体的良好思想品德。同时也要对学生进行社会公德、家庭道德、职业道德等的教育，使他们尊老爱幼、团结友善、爱岗敬业。此外，也要加强培养学生的自强、自立意识，有良好的心理素质来面对社会的竞争和压力。

4. **自学能力的提升**

高校英语素质教育很重要的一个内容，是培养学生养成独立自主的英语学习能力，具体包括学生主动独立地获取英语语言知识和技能，并懂得通过合理的应用方式来加深对知识的理解。但部分学生的基础比较薄弱、自控能力差，因而较为缺乏英语自学的能力。对此，教师在教学中要逐渐培养和加强学生的自学能力，如培养学生如何正确使用参考书和工具书、如何对知识提出问题并解答、如何筛选整合信息的能力等。

## 二、素质教育与高校英语教学的关系分析

### （一）素质教育与高校英语教学的辩证关系

#### 1. 素质教育思想的广泛普及为英语教学创造了良好的社会环境

进入 21 世纪后，面对我国经济社会的快速发展，国际文化交流和其他方面的联系大大增强，以及各行各业对劳动者能力的要求越来越高的形势，传统的学校教育教学思想、方法及评估受到了强烈的冲击，社会对此提出强烈的革新要求。时代的要求，社会的需要，使得"素质教育"以其春雷之势响彻中华大地。今天以"培养能力"为核心的素质教育，可谓家喻户晓。当前，高校英语教学也在不断改革，强调英语语言的运用性特征，考试、考查方面

也正在不断的改革之中。所有这些变化，都必须有利于素质教育的提出及其思想的不断普及，也就是要给英语教学创造良好的社会环境。

2. 素质教育的全面实施拓宽了英语教学渠道

素质教育在我国的全面展开，为各学科的改革注入了活力，动脑、动手、自学能力、自我解决问题的能力已成为各学科对学生进行教育的重点，他们的方法、他们的内容，给英语学习带来了诸多启示。同时，他们在英语学习中遇到的问题，或者在他们的活动中、在他们的思考中、在他们的灵感中得到解决。比如，在看产品说明介绍、操作电脑的过程中，他们就会频繁地接触到英语，为了弄清这些内容，他们就会借助工具书，进行一系列的自学、自解活动，从中得到锻炼，能力得到培养。

3. 素质教育的成果影响着英语教学的成果

良好的师生素质可以优化英语教学，以学生为例，部分素质好的学生，具有思想活跃、求知欲强、积极主动、勇于创新的特征，这些都是学习英语必须具备的条件。素质好的学生，自学能力一般都很强，可以拓宽阅读面。同时，因为他们的知识面比较宽，对阅读材料、听力材料中所包含的信息，容易把握，并具有预测能力，因此英语学起来比较轻松，英语水平就比较容易提高。

4. 素质教育是高校改革的发展趋势，是社会发展的内在要求

随着当今社会科学技术飞速发展，世界各国的经济文化交流活动日益频繁，经济全球化水平逐步提高，这就使得对人才的要求逐步提高，其中英语的学习显得尤为重要。适应社会需要的人才必须具备过硬的科学文化知识，具备良好的逻辑思维能力和创新精神，同时还要具有全面的道德品质素养。高校英语教学不仅要训练学生的听、说、读、写能力，而且要培养学生互相交流的能力。英语教学应该把工具性和人文性有机结合起来，以推动学生的全面发展作为出发点和归宿。因此，在英语教学中应加强素质教育，在平时的课程中融入素质教育，确保学生在潜移默化中受到教育，这既有利于激发学生的学习热情、开阔学生的视野，也有利于塑造学生的人格，促进学生身心发展，并且这种影响会持续较长时间。

## （二）高校英语教学之于素质教育的推动作用

### 1. 更新教育思想观念

实施素质教育最重要的是要转变观念，教育思想观念的转变是实施高校英语素质教育的先决条件。在我国长期的高校英语教学实践中，总是把传授知识作为重点，将培养交际能力、思维能力和创造能力放在次要的地位。许多教师仍然认为，传授给学生的知识越多，学生的能力自然会越强，学生的素质自然会越高。而事实上，知识的传授与能力的产生、素质的提高不构成因果关系，不能"水到渠成"。因而在教学中首先应实现教育思想和教育观念的转变。

### 2. 提升认知能力

学生对英语的熟练程度是进行高校英语教学的关键所在，在教育过程中，需要依托于理论与实践，重点培养学生哪方面技能？运用什么样的教学方法？通过什么样的途径来学习？都是教学过程中需要重点考虑的问题。但无论选择哪一种方式，第一要保证不走极端，第二要保证符合实际。从根本上讲，高校英语教学不仅能够提升学生的语言能力，还能够增强学生的认知能力。其原因在于，学生要想学习语言，就必须以语言背后的文化与知识作为依托，只有这样才能够做到有理有据，夯实根基。在听、说、读、写等多方面能力的培养过程中，也能够锻炼学生的观察、发现、提取、推理等多方面能力，这也是素质教育的主要内容。

### 3. 强化文化能力

文化能力主要是指学生对一个不同社会文化的了解与掌握，语言是文化的载体，学生学习英语，便是对英语文化的认知。当前，我国高校英语教学普遍比较重视文化教学，无论教材中还是课堂上，都在为学生介绍外国文化，让学生对中外文化之间存在的差异有所了解，确保学生的文化能力得到提升。单纯的英语流利无法真正提升学生的英语交际能力，我们需要将高校英语教学放在文化中，真正解决问题。高校英语教学是强化学生文化能力的一个主要平台，使高校英语教学更加多样化，为素质教育的发展创造更多的途径。虽然文化能力是高校英语教学所强调的主要能力，但也需要充分结合教学实际，夯实语言基础仍然是其教学重点，对文化的介绍与了解也需要以提升语言能力为前提。

#### 4.培养学习情感

在教育领域，情感所扮演的角色至关重要，情感教学也应运而生。在英语教学中，主要可以分为以下三方面情感：第一，目标语情感；第二，社会文化情感；第三，学习过程情感。英语是绝大多数学生的第二语言，在学习过程中，其与汉语之间存在着差异。因此，学生在学习时便会产生不同的情感，或喜欢，或厌恶，或向往，或反感，对于相应的文化也会"爱屋及乌"。而高校英语教学的一个主要目的便是要调整学习者对英语的态度，用积极的心态去了解英语文化，只有这样才有可能学好英语。从这个角度来看，高校英语教学需要培养学生明辨是非的能力，既不能盲目崇拜，也不能一味拒绝，这也是高校英语对于素质教育的主要作用。

#### 5.增强主体意识

在素质教育的前提下，学生逐渐成为课堂教学的主体，需要强化学生在课堂上的主体意识。由于高校英语课程的特殊性，传统的"我教你学"无法满足教学的实际需求，学生也无法建立起与教师平等的学习位置。因此，高校英语教学必须将学生放在课堂的主体地位上，只有这样才能够获得更好的教学效果，这也与素质教育的理念不谋而合。

#### 6.提高文化素质，增强交际能力

英语是欧美国家本族语使用者沟通交流的工具和文化传播的载体，在学习英语的过程中，我国英语学习者可以深入地感受外国的文化气息。高校英语学习不仅限于书本，而是贯穿了听、说、读、写等技能训练的综合学习过程，教师在课堂上使用英语传授知识、信息并与学生互动交流，培养并增强学生的英语语言运用能力。

## 三、高校英语教学中素质教育的贯彻与落实

高校英语是我国高等教育体系中的一门重要课程，这也是大学生素质教育的一个重要组成部分。高校英语素质教育主要包括培养学生的语言素质、文化素质，以及自学能力、良好的思想品质和心理素质等。实施素质教育是一项涉及教育方向、教育功能、教育制度以及教育内容和方法等各个方面的

综合性工程。在高校英语教学中实施素质教育,主要通过英语语言知识的传授和能力的培养,提高学生的道德素质、生理素质和心理素质。

## (一)提高高校英语教师的素质

素质教育的实施,在很大程度上是由教师来执行的,高校英语教师是英语学科素质教育的主要实施者,这就要求教师必须具有正确的教育观念和教育思想。首先,高校英语教师应具备良好的思想道德素质。人以德为本,素质教育的首位是思想品行教育。正人先正己,良好的师德是对学生进行有效的思想品行教育的前提。所以教师要严于律己,自觉抵制社会上的不良影响,还要热爱本职工作,对学生充满爱心,同时提升思想品德修养,提高政治思想觉悟,只有这样才能对学生起到潜移默化的作用。其次,高校英语教师要有较好的科学文化素质和较高的英语教育专业素质。作为英语教师,要想把课上好,使课堂成为育人场所,自己首先要注意优化知识结构,做到知识广博,同时要有扎实的专业基础知识,熟悉学科领域的发展状况及其最新科研成果,能较好地掌握教学大纲和驾驭教材。最后,还要有较强的组织实施英语教学的能力,能运用现代化教学设施和采用科学的英语教学方法,具有一定的教研能力,这样才符合素质教育的要求。

## (二)以学生为中心

"学生为主体"是十分重要的教学理念,但长期以来外语教学所采用的大多是以教师为中心的教学模式,忽视了学生的主观能动性,使英语教学成了单向的知识灌输,挫伤了学生学习英语的积极性。教师本该是课堂活动的组织者和策划者,要能根据学生不同的个性特点、学习风格和学习能力,策划并设计出丰富多彩的课堂活动,使学生在自然、和谐和富有意义的英语交际氛围中学习英语。学生也不再是被动的接收者,应主动地参与课堂活动,尽可能多做语言输出。教师还要鼓励学生积极思考并提出自己的观点,以达到灵活运用知识并互相交流的目的。因此,在教学过程中,教师要善教,学生要善学,二者要密切地结合起来。善教者,要按照认识论的规律,加强对学生学习策略训练;善学者,要遵循学习过程的基本规律,保持高涨的学习热情,养成良好的学习习惯,采纳科学的学习方法和策略,最终学会自主学习、独立行事。学生只有最大限度减轻对教师的依赖,才能成为真正的主动学习者。

## （三）优化学生心理素质

学生在学习英语时，往往有一种畏难情绪。究其原因，大体可归结为缺乏信心、胆怯、缺少兴趣等。帮助学生克服这种心理，是开发学生非智力因素的关键。消除学生自主学习的心理障碍，可以从以下几方面着手：

### 1. 尽可能给学生创造成功的机会

问题的设计、学习的难度应符合学生的实际水平，以免伤害学生的自信心，达到消除学生学习活动的心理障碍的目的。人们主要是凭借别人对自己的反应做出自我判断的。因此，教师要帮助学生寻找适合自己的学习方法，有意识地找出他们的积极因素。当他们取得成绩时，老师要在全班面前表扬他们，这样会使学生心理上产生一种慰藉和成就感，使得他们信心倍增。当他们出现错误时，教师要体谅学生，委婉地指出错误，并多肯定他们取得的成绩和进步，以减轻学生的心理负担。

### 2. 因材施教

学生的学习程度参差不齐，对于不同程度的学生，可以采取不同的教学方式，使不同层次的学生都有所学。对于教学中的任何教学活动，最终目的都是熟练、正确地运用语言。对于语言能力差的学生来说，要适当背诵原文中一些词句，因他们的关键问题是语言存储量小、语感不强，这阻碍了他们口语的组织，应该向他们强调"背诵"的重要性，指的是反复朗读，直至脱口而出，从而达到增加语言量、强化语感的目的。当学生自己说出一些长句、难句时，学生学习的自信心也就随之提升了。

### 3. 合理使用评价语言

教育要面向全体学生，要使每个学生都能积极进行自主学习，教师应当处理好学生的评价问题。当前，大学生日趋成熟，希望自己得到别人的认同，教师的评价会对他们的心理产生重要影响。所以，教师应注意自己的评价言语，不挫伤学生的积极性。因此，教师在评价的过程中要以肯定与鼓励为主。评价是提高学生自主学习的积极性的手段，并非目的。另外，教师在教学过程中不妨应用延迟评价，即教师对学生回答的问题暂时不做评论，为学生留下广阔的思维空间。对结果做过早的评价会影响学生的思维脉络，更重要的是丧失了培养学生自主解决问题能力的良好时机，最终削弱了学生自主学习的积极性。

### （四）优化高校英语教学目标

教学目标是教学和评价的依据，任课教师应按照素质教育的要求，结合教学大纲、教科书和学生的认识水平优化教学目标。学生的英语应用能力存在非常大的差异，高校英语教师在设计教学目标时要注意面向不同层次的学生。

第一，制定分层的教学目标，做到因人定标、因材施教。如学生入校时根据学生的高考英语成绩把学生分为两到三个层次，对不同层次的学生提出不同的目标要求，使后进生不会失去信心，优等生不会失去兴趣。

第二，应将教学目标的重心放到引导学生掌握英语学习方法上来。在学生学习英语的过程中，教师应注重学习方法的指导，帮助学生养成良好的自我学习习惯。例如，教会学生借助工具书解决学习中遇到的问题，并在此基础上发展他们的思维能力，以形成良好的思维品质以及合理的思维习惯，提升他们的英语综合素质。

第三，教学目标的设计还应强调学生的创新精神与实践能力的培养。有了教师的指导性教学，学生就可以在不断尝试独立思考的过程中，发散思维，丰富想象力，增强探索问题的敏锐性。在学生掌握了丰富的内容后，还要进一步要求他们将理论知识逐步转化为自己所理解的知识，并在实际运用中不断巩固知识、充实自己，从而确保在实际问题和困难面前有稳定的心理品质，有较强的思维品格。

### （五）注重高校英语教学过程

注重教学过程是实现高校英语素质教育的关键，其根本就是引导学生真正成为学习的主体，积极主动参与学习过程，并在学习过程中学会如何学习。

在高校英语教学过程中，首先应该调动和发挥学生、教师的积极性，树立"教学应以学生为主体"的观念。在整个教学过程中，学生应始终处于主体地位，要最大限度地调动学生学习的积极性，让他们主动地参与到教学活动之中。教师要面向全体学生，要认真确定好自己的教学方法，精心设计好各种教学活动，要确保每一个学生都能参加到语言实践活动之中，充分调动学生的主观能动性，以多种形式开展交流实践活动。丰富多彩的实践活动比单一不变的灌输更具有吸引力，更易于激发学生的参与意识。其次，高校英语教学不应是一种简单的知识传授，而是一个知识、能力、素质全面提升的过程。所以，教师应当从培养听、说、读、写、译各方面素质入手，努力培养学生的学习习惯，帮助学生建构自己的自主学习模式，营造一种能进行交际实践的学习氛围，组织开展科学有效、生动活泼的学习活动，这样不仅能增加课堂教学的信息量，还能让学生通过视、听、说等综合活动，进行英语技能训练，使学生在语言交际和实践活动中发挥学习的自主性。

# 参考文献

[1] 毕玲.英语教学设计 ABC[M].北京：北京理工大学出版社，2020.

[2] 陈细竹，苏远芸.大学英语教学模式的革新与发展研究 [M].长春：吉林人民出版社，2021.

[3] 陈艳，负楠，张倩倩.现代英语教学方法研究 [M].广州：广东世界图书出版有限公司，2019.

[4] 丁睿.大学英语教学发展研究 [M].长春：吉林人民出版社，2019.

[5] 丁煜等.大学英语教学多维探究 [M].武汉：华中科技大学出版社，2021.

[6] 方燕芳.英语思维与英语教学 [M].成都：电子科技大学出版社，2017.

[7] 高红梅，管艳郡，朱荣萍.高校英语教学创新性研究 [M].吉林人民出版社，2021.

[8] 高雅平.实用英语教学 [M].北京：中国纺织出版社，2018.

[9] 霍瑛.多元文化视域下的大学英语教学 [M].长春：吉林人民出版社，2021.

[10] 孔雪飞，张美香，王楠.文化融合思维与英语教学研究 [M].长春：吉林人民出版社，2020.

[11] 邝增乾.大学英语教学的情感因素研究 [M].长春：吉林人民出版社，2020.

[12] 李晓玲.大学英语教学方法研究 [M].西安：陕西科学技术出版社，2020.

[13] 刘红，刘英，潘幸.英语核心素养与英语教学 [M].长春：吉林人民出版社，2021.

[14] 刘亚娜.高校英语教学理论与实践探究[M].长春：吉林人民出版社，2020.

[15] 曲琳琳.跨文化视野下英语教学研究[M].天津：天津科学技术出版社，2020.

[16] 孙婕.高校英语教学理论及实务研究[M].长春：吉林人民出版社，2022.

[17] 王春霞.英语教学模式改革与创新研究[M].长春：吉林人民出版社，2021.

[18] 王二丽.英语教学论[M].北京：新华出版社，2018.

[19] 王九程.信息化时代高职英语教学研究[M].长春：吉林人民出版社，2020.

[20] 王岚，王洋.英语教学与英语思维[M].长春：吉林人民出版社，2019.

[21] 魏微.大学英语教学基础理论与实践研究[M].长春：吉林人民出版社，2020.

[22] 肖婷.多元文化与英语教学[M].天津市：天津科学技术出版社，2017.

[23] 杨公建.英语教学与第二语言学习[M].长春：吉林人民出版社，2019.

[24] 杨艳.英语教学创新研究[M].长春：吉林人民出版社，2019.

[25] 杨阳.英语理论与英语教学[M].成都：电子科技大学出版社，2017.

[26] 张喜华等.有效的基础英语教学[M].北京：旅游教育出版社，2021.

[27] 赵盛.高职英语教学方法与改革研究[M].长春：吉林人民出版社，2020.

[28] 周保群.大学英语教学模式与课程建设研究[M].重庆：重庆大学出版社，2020.

[29] 资灿.高职英语教学的发展与创新研究[M].成都：西南交通大学出版社，2020.